官心民意

洪振快 著

南方日报出版社
NANFANG DAILY PRESS
中国·广州

图书在版编目（CIP）数据

官心民意 / 洪振快著. -- 广州 : 南方日报出版社,2011.11
ISBN 978-7-5491-0252-5

Ⅰ. ①官… Ⅱ. ①洪… Ⅲ. ①政治制度－历史－中国－古代－通俗读物②经济史－中国－古代－通俗读物Ⅳ. ①D691-49②F129.2-49

中国版本图书馆 CIP 数据核字(2011)第 226337 号

官心民意　　洪振快 著

出版发行：南方日报出版社
地　　址：广州市广州大道中 289 号
电　　话：（020）83000502
经　　销：全国新华书店
印　　刷：广州市怡升印刷有限公司
开　　本：787mm×1092mm　1/16
印　　张：13.25
字　　数：280 千字
版　　次：2011 年 11 月第 1 版
印　　次：2011 年 11 月第 1 次印刷
定　　价：28.00 元

投稿热线：（020）83000503　读者热线：（020）83000502

网址：http://nf.nfdaily.cn/press/

目录

自序　官民冲突应该如何消解 / 1

第一章　官心 / 1

贪污是低薪导致的吗？ / 2

不要误读新加坡的“高薪养廉” / 5

李鸿章会公示他的财产吗 / 7

财政透明为何难？ / 10

还有比“挥霍浪费”危害更大的浪费 / 12

清末“东乡案”：舆论与官场的较量 / 14

古代官员为什么打击讼师 / 17

官吏对上访者为何“底死不释” / 20

官员“被自杀”的政治逻辑 / 23

古今监狱贪腐手段为何高度相似 / 26

“温和腐败”是个什么名堂 / 29

诺奖得主的智慧远不如中国贪官 / 32

官无封建，吏有封建 / 35

中国历史上的文字狱 / 38

杭世骏丢官，满人丢天下 / 42

第二章　官象 / 45

百年前的山东官场送礼簿 / 46

贪官的“灰色收入”与清官的“灰色福利” / 49

“文官吃草，武官吃土”式的腐败 / 51

隐性腐败非新品：纪晓岚因何被流放乌鲁木齐 / 53

任职回避能扼制腐败吗 / 55
陆游的三峡遭遇与寻租现象 / 57
赌场为何“打不掉” / 60
清代学政与当代督学 / 62
“吃空饷”凸显财政无效率 / 64
从“蛋白质特权”看当代中国特权现象 / 66
中国历史上的“官二代”与王凝之现象 / 69
没有驻京办，清代照样有“跑部钱进” / 71
古代读书人进入官场后为什么会“改廉易节” / 74

第三章　民意 / 77
贫困线标准该提高了 / 78
中国食品安全不缺法律缺法治 / 80
晚清以来北京的房地产 / 82
康乾盛世的GDP：表面繁荣未必真强大 / 87
中国现行个税难促公平 / 89
分配财富比创造财富更重要 / 94
“权利贫困”才是最大的贫困 / 97
从鲁迅祖父行贿看社会公平 / 101
社会不公是危险品 / 103
海瑞惩治“官二代”是真是假 / 106
官吏吃谁的俸禄 / 108
政治人物凭什么获得尊敬 / 111
让老百姓认同国家，靠什么？ / 114
晚清中国首富为什么想移民美国 / 116
1895年的一本书与一场变革 / 119

第四章　政情 / 121
打黑需要走出“张集馨模式” / 122
错案频发拷问制度文明 / 125

“跑部钱进”治理难在何处 / 128
集体腐败难治理 / 130
乾隆的困惑为何没有答案 / 132
“万历新政”，新在何处？ / 134
“反贪”，有时成了政治斗争工具 / 137
清代的清官标准 / 140
周森锋29岁当市长，韩愈29岁官居何职？ / 142
驻京办不一定就是坏制度 / 144
“荒政”与“劝分”：中国古代如何救灾 / 147

第五章　史鉴 / 153
大清帝国唯一没有贪污腐败的衙门 / 154
再谈大清帝国唯一没有贪污腐败的衙门 / 157
各级政府财权、事权须相称 / 162
国家财政不能变成私家财政 / 165
国富不一定代表国力强盛 / 168
遏制特殊利益集团是经济繁荣的前提 / 170
乱在基层，根在上层 / 173
专制之下无善政 / 176
乾隆为何治不了贪腐 / 179
黑夜巧取是强盗，白天豪夺乃官家 / 181
专制君主不会有长期理性 / 183
实现民主关键在限权，不在驱逐君主 / 185
百年前人大代表怎么议政的 / 187
中国康乾盛世还不如英国中世纪 / 191
“和女士”优先于德、赛二先生 / 194
没有制度现代化，中国难以真正实现现代化 / 197

后记　为贫弱者争尊严 / 199

自序　官民冲突应该如何消解

仇官，在中国历史上是一种常见的社会心态。《清史稿》中就有记载，在18世纪末的四川、湖北，政府在各种社会政策方面的失误，导致老百姓“益仇官”。“益”者，更加也。有“益”字，说明仇官的社会心态早已存在；加上“益”字，不过更形严重而已。严重到什么程度呢？写史者说：“乱机四伏矣”。

仇官的主体是民众。民众为什么仇官？不同的地方，不同的时间，不同的人群，可能会面对不同的具体问题，因而原因可能会不一样。但是，如果深究其中最核心、最本质的原因，则可能都与“国家困境”有关。

国家的建立，在人类历史上是文明的重要发展阶段。但是，自从有了国家，它作为一种具有暴力潜能的组织，其拥有的合法暴力也可能对个人自由造成严重威胁，因而与文明背道而驰，甚至成为人类文明的对立面。人类社会的困境由此而生。这种困境，可称“国家困境”。

“国家困境”表现在社会生活的方方面面。不妨以经济生活为例。

人类文明的发展，离不开商品的交换。在一个完全利用暴力进行劫掠的混乱状态下，交换无法进行。交换的前提是产权的保护。产权的实质是排他性权利，即一个人对某事物的绝对支配权，包括所有权、使用权、收益权和让渡权这四种基本权利。产权在其核心意义上就是财产权，即“产权是以人们认为合适的办法控制和处理财产的权利”。假如没有产权，个人无法就其财物进行控制和处理，也就无法进行商品交换，文明发展就停滞在很低的层次上。

经济的发展依赖于受到严格保护的产权结构，这是一个公认的道理。然而，要保护产权，就必须有一种强制的力量，这种力量由一个以暴力为后盾的组织提供，这个组织就是国家。但是，这种强制力量如果不受制约，由于它自身具有掠夺性，很可能又会反过来破坏产权，导致无效的产权安排和经济的衰退。这就是1993年获诺贝尔经济学奖的美国著名经济学家道格拉斯·诺思

（Douglass C. North）所指出的一个论断："国家的存在是经济增长的关键，然而国家又是人为经济衰退的根源"，这被称为"诺思悖论"。

美国斯坦福大学政治学教授巴里·温加斯特（Barry Weingast）也曾经这样表述过国家作用的"本质两难"（Fundamental Dilemma）：国家需要足够强大，才能具有足够的强制力，去做它该做的事，即执行合同；但国家又不能过分强大，以至于它可以不受约束，滥用自己的强制力，任意侵犯公民的财产和权利。①

所谓"本质两难"，就是一种难以解决的困境。这种困境，简单地说就是没有国家不行，但有了国家仍然问题多多。从民众的权利角度去看，没有国家个人权利得不到保障，但有了国家个人权利却又可能受到国家强制力的侵犯。这在社会生活的诸多领域都有体现，无须一一列举。

"国家困境"之所以是困境，一个很重要的原因，如同经典理论所说，是因为国家体现的是统治阶级的意志。所谓统治阶级，就是国家管理者，一个利益集团。按照美国学者曼瑟尔·奥尔森（Mancur Olson）的观点，利益集团是为实现某种特定的群体利益而采取集体行动的组织。利益集团的存在是为了谋求利益，其谋利的方式，往往是"分蛋糕"和"抢瓷器"式的。所谓"分蛋糕"，是说他们不是增加全社会的总体利益（做大蛋糕），而只是争取在社会总利益中得到更多的份额（分得更多的蛋糕）。为此，他们如同到商店去抢瓷器，为了多抢一只瓷器，不惜打碎两只瓷器。

在世界历史上，所有前现代文明社会都得面对这样的问题。掌控国家权力的利益集团，往往为了本集团的特殊利益，而不顾社会整体利益。这个特殊利益集团，在历史上是皇室、贵族和官吏集团。中国最早记录官制的文献是儒家经典"三礼"。"三礼"中的《礼记·王制》说"王者之制禄爵，公、侯、伯、子、男，凡五等"，唐代著名学者孔颖达疏："其诸侯以下及三公至士，总而言之，皆谓之官。官者，管也，以管领为名。"

从宽泛的角度去看，所有皇室、贵族及官吏都可归为与"民"相对的"官"集团。这个集团，掌控着公权力，但公权力常常不为公共服务，而是成

①转引自朱巧玲、卢现祥：《新制度经济学国家理论的构建：核心问题与框架》，《经济评论》2006年第5期。

了其谋取私利、侵犯公民权利的合法工具，官民矛盾乃至冲突由此而生，民众对此不能无怨。这就是社会仇官心态产生的根本原因。

已经有许多学者注意到，中国从秦汉到明清的两千多年，社会的主要矛盾与其说是地主阶级和农民阶级的矛盾，不如说是民众与“官”集团的矛盾。官民矛盾才是中国传统社会的主要矛盾。官民矛盾也是所有尚未进入现代文明的社会的主要矛盾。从这个角度出发，可以深刻理解很多历史和现实的社会现象，找到这些社会现象背后的根本原因。

官民冲突是“国家困境”的衍生物。解决官民冲突问题，从根本上说必须克服“国家困境”。而克服“国家困境”，其实就是人类文明（特别是政治文明）发展的主线。现代文明国家的诞生，是成功克服这一困境的结果。至于克服这一困境的办法，西方思想家在历史实践中，总结出必须用权力去制衡权力的思想。国家权力，经过西方思想家的归类和抽象，最根本的是三种权力：立法权、行政权、司法权。只有让这三种权力相互制衡，“国家”才不会侵犯个人权利，“国家困境”才有望解决，官民冲突才会消解。

第一章 官心

官吏之心，威不可测。如何对其有利，就会有相应的社会舆论流布。比如说贪污是因为俸禄低、养廉需要高薪等等，实则都是曲解或误读。官员财产公示难，财政阳光化更难。官员“十分精神”，“三分办政事，七分奉上官”，其心思所系，不在提供公共服务，而在如何“温和腐败”，以及打击上访者、制造文字狱……

贪污是低薪导致的吗？

读明清时代的历史，有一种论调非常引人注目：低薪（“薄俸”）导致了贪污。这类议论如此之多，甚至连著名思想家顾炎武都感叹“自古百官俸禄之薄，未有如此者”。当代的研究者，也大多认同这一说法，认为“薄俸”致使官吏不得不贪的议论屡见于论著。

明代的俸禄标准是在朱元璋时代确定下来的。问题在于，朱元璋在制定工资标准的时候，难道会不给他手下的官员基本的生活费？这既不合情理，显然也不可能。朱元璋认为，他给官员的工资是够他们养家糊口的，甚至可以算是优厚的。这就产生了历史的吊诡：一边是官吏们喊工资低，甚至思想家顾炎武也帮他们说话；而另一边则是朱元璋说，工资已经够高了，你们若再贪污，到时候杀头抄家可别怪我狠。这两边到底谁的理由更充分？这个历史吊诡到底应该如何解释？

我们先看朱元璋的理由。洪武二十五年（1392年）八月，朱元璋颁布了一份反腐教材，叫做《醒贪简要录》。这份教材里面关于官吏工资的算法，让我们得以了解朱元璋制定官吏工资标准的理论依据。明代正一品官员的俸禄是每月支米87石，一年1044石。明代的一石米大约是现在的155斤。按现在一斤米值3元钱算，年薪大概是48.5万元，月薪4万多元。

由此可知，朱元璋在制定官吏工资标准时并没有让官吏空着肚子干革命的意思，相反，他认为官员“若将所得俸禄养家，尽自有余”。以七品县令的工资标准而论，月薪是7.5石大米，年薪只有90石，与一品官员的月薪差不多。但按照《醒贪简要录》的算法，也需要70多亩地，5个农民专门为之生产，光是挑那些稻禾就需要走1000多里地，所以很难说这个工资标准就低得让人无法接受。

换一个计算模式，我们也可以得出这份工资并不算低的结论。按照现代经济学的评价方式，一般可以用恩格尔系数（食物支出/消费支出总额）来评价一个人的生活水准，系数≤20%者为极度富裕，系数20%—40%的为富裕。照明清时代的通常说法，一个人吃饭每天需要一升米，每月需米3斗。中国古代的家庭人口数据则显示，每户平均是4—5人。县令月薪7.5石米，假如其一家是五口人，那么吃饭需米不过1.5石，仅占月薪的20%。这就意味着，按恩格尔系数计算，工资可以使县令一家处在系数约为20%的水准（食物应该加上副食，系数实际不止20%，但即便副食费用占主食的一半，系数仍然不超过30%），因此他即便算不上极度富裕，也应该处在系数20%—40%的富裕水平。

另外，还可与一般农家相比。有几位学者曾推算清代江南人的年生活费支出，大致是：1. 每年每户（以一家五口计）日常生活所需口粮为15—18石（以常年米价一石值银1两为准，约需银15—18两）；2. 副食（包括油盐荤蔬之类），全年每户支出约银7两；3. 全年每家用布支出约银3两；4. 燃料每年支出约银3两。如此，全年生活费支出为银30两左右（见马学强：《清代江南物价与居民生活：对上海地区的考察》，《社会科学》2003年第11期。几位学者的推算指王家范：《明清江南消费风气与消费结构描述——明清江南消费经济探测之一》，《华东师范大学学报》（哲学社会科学版）1988年第2期；方行：《清代江南农民的消费》，《中国经济史研究》1996年第3期）。

上述研究表明，在常年米价一石值银1两的情况下，明清时代生活标准最高的江南地区，一个五口之家一年的生活花费不过是30两银子光景，即30石米的价值。而县令年薪为90石米，若按普通农家的生活标准，“若将所得俸禄养家”，自然是“尽自有余”，并不存在贫困的问题。

这么看来，朱元璋当时制定的官吏工资标准绝不像顾炎武等人所说低得让人无法接受，甚至算得上“重禄”了。但是，明代官员生活拮据似乎又是事实。这里面的原因到底在哪里？原因是多方面的，比如俸禄标准执行不到位、物价上涨等等，但最根本的原因还不是这些，而在于中国古代的家庭制度，特别是妻妾制度。

以海瑞为例。海瑞任淳安县令一职的时候，工资经七折八扣，实际领到的是12石大米、27.49两银子和360贯钞。钞很不值钱，可以忽略不计。即便如此，其收入仍然超过普通百姓五口之家全年花费所需的30两银子（海瑞生活的万历时代，江南米价约为0.7两/石，27.49两银子可换米约39石，所以其实际收入约为50石米，超过清代一石米值银1两时的30两银子的价值）。因此，海瑞的这些工资足以养家。但是，《明史》中却记载了海瑞为母亲做寿仅买两斤肉，从而可以说明其生活确实很拮据。

这中间的奥秘，首先在于当时海瑞除了老母、妻子之外，还有两个女儿、两个儿子，加上家仆、婢女，总共有十来口人，十来口人用这些工资，生活就不免有些拮据了。海瑞的家庭结构在明代官员中算是很简单的，明清方面的史料表明，官吏家庭几十上百人都属正常，这么多人仰靠官吏工资生活，工资自然就显得“低”了。另一方面则是娶妾制度。众所周知，海瑞算是比较古板的官员，对女人应该没有太大的兴趣，但是事实却不尽然，海瑞75岁去世的时候，身边有两个小妾，其中一个估计还是年轻漂亮的女孩——政敌曾经攻击说“瑞已耄”而“妻方艾”。当时娶一个妾通常需要上百两银子，相当于一个县令两三年的工资。

由上可知，所谓明清时代官吏工资过低，实际上是相对于官员庞大的家庭结构以及娶妾等家庭问题才显示出来的。但是，国家支付官吏工资，并没有理由连官员娶妾的钱都支付。据说现下被查出的贪官95%包二奶、三奶，本来他们已经可以“工资基本不用”，之所以还要贪污，显然也不是因为工资太低，而是相对于包二奶、三奶的大笔费用而言，工资才显出不够用的。

不要误读新加坡的“高薪养廉”

2011年5月21日，新加坡总理李显龙宣布成立由独立人士组成的检讨委员会，以重新制定合理的部长薪金制。这宣示了新加坡高级公务员的高薪制需要“检讨”，因其并不“合理”。实际上，新加坡高级公务员的高薪制自出台之日就不断受到质疑，这次调整可以看作是新加坡政府面对各方压力所做的让步。

新加坡政府有两个特点很突出：一是廉洁，其清廉指数排名居世界上前几位，居亚洲第一位；一是高薪，新加坡高官的薪酬世界第一，据称世界上公务员工资最高的30人都在新加坡。由这两个特点，人们很容易得出“高薪养廉”的观点，认为新加坡官员的廉洁是高薪“养”出来的，新加坡“高薪养廉”的治国理念是值得借鉴的国际经验。

然而，已有不少文章指出，对新加坡“高薪养廉”的理解实为误读。

误读之处，归结起来有几点：一、在施行“高薪养廉”制之前，新加坡政府已解决了廉政问题，新加坡公务员的廉洁并非因为实行了高薪制；二、实行高薪的目的并不是为了养廉，而是为了吸引高级人才；三、能获得高薪的仅为少数高官，即总统、总理、部长等，人数不多，普通公务员的平均薪酬与一般企业从业人员相差不大，并不享受高薪；四、少数高薪者，除薪金外没有任何灰色收入或特殊福利，公务之外的任何花销都得自己掏腰包。

因此，在新加坡并没有“高薪养廉”的国策。对高级公务员的高薪制，其制定的依据又是什么呢？

新加坡政府高级公务员从超级G到特级五，有将近20个职级。根据1994年10月新加坡政府向国会提交的《以具竞争性薪金建立贤能廉洁政府——部长与高级公务员薪金标准白皮书》，选择特级一部长和超级G公务员作为薪金标准的参照点，其他职级根据这两个标准做相应的调整。

特级一部长的薪金标准，是在银行家、会计师、工程师、律师、本地厂家执行人员和跨国公司执行人员这6个专业中各找出收入最高的前四名，以这24人平均收入的2/3作为特级一部长的薪金标准。而超级G公务员的薪金标准，是按这6个专业年龄为32岁的受薪者中收入分别排各专业第15名的收入加以平均。

上述高薪标准确立的理由是：部长要给予高薪，以免其被私企高薪挖走，但同时只能取2/3，因为部长要有一点牺牲精神；而对超级G公务员来说，按照政府的培养计划，优秀行政官员在32岁时就应升入超级G，超级G公务员应该享受企业界同年龄层第15名的经济待遇。

应该说，新加坡政府的理由是有一定说服力的，但在国会讨论时仍然遭受很多质疑。质疑者提出，企业高管的薪酬是有市场风险的，可能会因盈利状况而变动，而高级公务员凭什么始终处于6个专业中收入最高的前四名？此外，在这之前，新加坡高级公务员薪酬已经超过美、英、日等经济发达大国的高级公务员的标准，若说责任，难道新加坡高级公务员比美、英、日等国同级别公务员还大？若说高薪留人，为什么美、英、日等国并不需要采用这种办法？这些质疑显然也有道理。

总之，新加坡高级公务员的高薪制并非出于养廉的目的，新加坡公务员的廉洁也不是因为实行高薪所致。

从世界范围看，被公认为最廉洁的国家，如丹麦、芬兰、新西兰、瑞典、冰岛、荷兰、瑞士、加拿大等，都没有实行高薪制，其公务员工资水平通常与全国平均工资差不多。从中国历史来看，宋代官吏待遇最好，研究者通常认为其已经实行了高薪制，但贪腐并不比其他朝代少，大贪巨蠹如蔡京、秦桧、贾似道等何曾少过；而清代雍正年间实行养廉银制度，大幅提高官员的收入，但改革之后的贪腐现象并没有减少；雍正之后的乾隆时代贪腐严重程度要远远高于雍正之前的康熙时期，中国历史第一大贪和珅就出现在乾隆后期，其贪污财产据说高达8亿两白银，相当于当时20年的国家财政收入，可以说是亘古未有。

因此，官员廉洁与否，与是否实行高薪制没有必然联系。西方经济学家认为，动机、机会和收益是官员腐败的主要因素，反腐须从减少腐败的动机、机会和收益多方面着手才能奏效。高薪或许能减少腐败的动机，但肯定不能减少腐败的机会和收益，因此它对反腐的作用是有限的。

认为养廉需要高薪，并以新加坡为例论证其观点，如果不是出于无知，就是别有用心。

李鸿章会公示他的财产吗

李鸿章（1823—1901）是有争议的人物。争议之一，是李鸿章的财产。

李鸿章的家财到底有多少，这大概只有李鸿章自己知道，或者李鸿章自己也不太清楚。当时的社会舆论普遍认为，李鸿章的家财总该在千万以上。当然，这里的“千万”，指的是银元或银子。

给李鸿章作传的梁启超算是知情人，他给李鸿章算过一笔账，说李鸿章病死的时候，“家资逾千万，其弟兄子侄私财，又千万余元”。容闳，中国历史上第一位留美博士，也算是当时的消息灵通人士，他估计李鸿章死后“有私产四千万以遗子孙”。容闳说的“四千万”与梁启超说的“逾千万”相差比较大，可能的原因在于梁启超说的是动产，而容闳说的包括了不动产。梁启超算的包括李鸿章在招商局、电报局、开平煤矿、通商银行的股份，还有南京、上海等地当铺、银号的“管业”，这些都是动产。李家还有很多不动产，比如数千顷土地，在全国各地数量巨大的房地产，等等，如果把这些不动产都算进去，梁启超说的就会和容闳说的靠近一些。

清末有个说法：“清代中兴功臣中最富者，惟合肥李姓为最，兄弟六人，一、二、四房皆数百万……合六房之富，几可敌国。”李鸿章家族是否真的富可敌国不易下结论，但仅就地产而言，近年有学者翻阅李氏地产目录，得出结论说：“就地产来说，半个安徽是李家的”，“上海的半条华山路是李家的”，由此可知合肥李氏财富之巨。

现在的问题是——李鸿章的财产从何而来？

李鸿章有贪污受贿的嫌疑，但没有确凿无疑的证据。有人怀疑，1896年李鸿章代表大清帝国与沙皇俄国在签署《中俄密约》（即《中俄御敌互相援助条约》）时接受俄方300万卢布的贿赂。又有人说，1898年李鸿章在和俄方谈判《中俄旅大租地条约》时还接受过俄方另一笔50万卢布的贿赂。这些指控未必成立，李鸿章是否犯下受贿罪和出卖国家利益罪还有待更确凿的证据。按照疑罪从无的现代法律思想，暂时只能认定其无罪。但是即使所有关于李鸿章受贿的指控都成立，所涉受贿金额与其巨大的家财相比还是有很大的差距。因此，李鸿章如果有罪的话，“巨额财产来源不明”是一条最能成立的罪名。

既非贪污受贿，正式工资又很有限，李鸿章巨额财产的来源就成了一个谜团。现今官员落马，法院判决书中常常会出现“巨额财产来源不明”的字句，人们不免惊讶，一般人的财产来源总是一清二楚的，何以官员们的“巨额财产”会“来源不明”？屡见不鲜的“巨额财产来源不明”的事实，只能说明权力运作的灰色空间巨大及由此带来的巨大的灰色财富。

从组织淮军起，李鸿章手上就掌握了巨大的权力。之后任直隶总督兼北洋大臣等职，权力自然更大。李鸿章搞“洋务运动”，如清末的费行简所写的《近代名人传》所说：“创举实业，则官私糅杂，无复条理，而招商、轮船、开平煤矿，皆有鸿章虚股甚多。”所谓“虚股”，如同现下所说的“干股”（即股东不必实际出资就能占有公司一定比例份额的股份），随着轮船招商局、开平煤矿等“实业”的扩张和壮大，其好处当非常可观。至于如何收受“干股”，自有盛宣怀等人为之操办，并不需要李鸿章费心劳神。

帝制中国的权力具有奇特的财富吸聚效应，李鸿章手上巨大的权力自然也难免为其带来巨大的财富。有人说，李鸿章一生为人诟病，都是受长子李经方和门徒盛宣怀所牵累，正是此二人依赖李的大权，干出无数损公肥私的事情。或许，李鸿章的巨大家财真是李经方和盛宣怀为之谋求而得，但没有李鸿章手上的巨大权力，李经方和盛宣怀也就无法为之谋求巨大的利益，因此从根本上说，仍是权力运作的灰色空间太大所致。

在晚清，李鸿章身系国运，由此留下荣辱、褒贬不一的议论。这些议论之中，包括一副著名对联的上联：“宰相合肥天下瘦”。这句话中用得最妙的是“合肥”这个词，它语带双关，既指李鸿章系安徽合肥人，又寓“合当自肥”之意。官至宰相的李鸿章手上既有巨大的权力，那么自肥就简直是势所必然的事。因此，“宰相合肥”简直就是一个帝制中国的官场定理。

李鸿章的巨大家财是难以公之于众的，所以消息灵通的梁启超和容闳都只能猜测。现今人们殷切期待实施官员财产申报、公示的制度，并且希望由此带来反腐的光明前景。显然，实施官员财产申报、公示的制度有利于反腐，但认为这个制度一旦实施，反腐问题就能迎刃而解，那就未免太过天真了。从此前已在试点的官员财产申报实践来看，财产申报往往成了合法收入的申报，不合法的、灰色的收入则不见踪影。此中存在的矛盾或困境显而易见：官员们正式的工资、福利等合法收入在财务部门本来有明确的记录，不需申报有关部门也掌握得一清二楚；而那些来源不明的巨额财产倒是腐败的证据，但官员们显然不会自己去申报。这样，所谓的财产申报制度也就未免流于形式主义了。

由于完备的社会信用体系和完备的信息化管理体系尚未建立，对于个人财产信息的掌握也存在很大的困难。官员们可以将来源不明的巨额财产秘密存入能够为之保密的银行，李鸿章的儿子李经方已经熟练地运用这一办法。李经方在1933年立下一个遗嘱，其最后一条写道："吾自少至老陆续秘密存入一大银行之款不计其数，皆无存券，数十年来本利未尝计算，亦不知若干万。但此银行永远存在，不致倒闭停歇，亦无人可以冒领支取。凡吾名下之款，吾子孙将来有德者，该银行当然付给；无德者，亦无从妄取分文。吾后人其各好自为之！此时吾固不能亦无从预为之支配耳。"据估计，李经方"不计其数"的银行秘密存款，数额大约是500万英镑。这500万英镑的秘密存款也成了历史谜案，假如李经方生前被查处，这笔巨款恐怕也难以成为其贪污受贿的罪证。

由此可知，要李鸿章、李经方自己去申报、公示财产是做不到的，要查清其巨额家产的来源也难以做到。腐败产生的根源在于权力运作的灰色空间，反腐败的根本在于限制权力，而要限制权力，需要有制度化的力量，而不是靠官员的个人道德品质，这都是最基本的常识。因此，反腐败如果不从限制权力入手，而追逐一些细枝末节的技术化方案，那是舍本而逐末，反腐的诚意让人怀疑。

财政透明为何难？

税收取之于民，用之于民，没有什么需要掖着藏着，纳税人也有权知道政府到底怎么花钱，所以财政理应透明化和阳光化，这似乎是不言自明的道理。然而2008年“两会”期间，全国政协委员蒋洪教授的一个大会书面发言，却是“阳光财政，我盼得头发已白了”；2009年“两会”，蒋洪教授公布他所做的中国财政透明度调查报告结果，让人很失望：接受调查的30个省份中，算得上合格的只有一个省，大部分省份对本该公开的信息拒不公开。这委实让国人很纳闷：财政透明为什么这么难？

各省为什么不愿公开财政的细化信息？“保密”是一个“理由”，但这大概不会是真正的理由。真正的理由是什么呢？看一个例子就能明白，比如说“跑部钱进”。众所周知，“跑”是带“包”的，这个“包”不可能是地方官员个人掏腰包，自然是地方财政埋单，假如财政透明，它就可能没有遁身之地，因为不可能冠冕堂皇地摆上桌面，让人大、政协代表审查通过。财政不透明，实际上有利于有关人员操作。

明清两代，“部费”大行其道。各朝皇帝都厉行禁止，但实际上禁而不止，皇帝圣旨成了空文。“部费”为何盛行？雍正三年（1725年）一位官员将之分析得很透彻：“文武大员借部费之名，其中有益于己者亦为不少。又兼各衙经承以及跑京送部费之家人，不无以少报多之羡余。有此层层剥削、处处分食情由，所以此弊一时不能尽除，始有凡事不讲部费，事不能完结之语。但思此项银两，虽出于属下，而究其实，则文官未免设法取之里下百姓，武官则科派队伍兵丁。”（雍正三年五月初二日贵州大定总兵丁士杰奏折）

从该官员的分析可以看出，地方官员进京送“部费”，不仅不需要自己掏钱，而且“有益于己”。从文官系统来说，送给中央衙门的“部费”常常是布政司（类似省政府）筹集的，而筹集的办法是摊派，摊派一层一层下去，最后是老百姓埋单，因为基层官员不可能自己掏腰包，只能是“设法取之里下百姓”。对于武官系统来说，“部费”要么是“科派队伍兵丁”，实即截留应该给基层官兵的饷银，要么是“吃空额”，即没有兵丁，捏造人名去冒领饷银。

各级文官和武官“借部费之名”筹得资金，但他们不可能把向下剥削得来的钱全部上交，而是截留一部分归自己。而对于办理此类事务的“各衙经承”，以及“跑京送部费之家人”，他们自然也不会白干事，他们通过“以少报多”的方式，可以获得诸多“羡余”。

这样，最终是“层层剥削、处处分食”，相关的人都有好处。所以，“部费”之所以难禁，根本的原因是“处处分食”，在“部费”的利益链条上，没有哪一个人愿意让其处于阳光之下。正是由于存在这样的“情由”，从皇城到地方，官员们势必对禁止“部费”的圣旨消极抵制，“所以此弊一时不能尽除”。

从历史经验来看，财政不能透明化和阳光化，真正的理由可能是有利于腐败。而财政透明化和阳光化，有利于反腐败。为了遏制腐败，必须使财政透明化和阳光化。

为了反腐，中国政府想尽了办法。据2009年4月27日新华网报道，2009年2月27日甘肃省预防腐败局挂牌。该局被认为是全国首个省级预防腐败局，既然是“首个”，想必各省会陆续成立，而成立预防腐败局对反腐的效果还有待检验。实际上，最好的反腐办法是让财政透明并受到有力监督，因为腐败的目的不过是钱财，财政透明之后腐败就不容易了，至少是腐败成本大幅提升。从实际效果来说，或许它比成立预防腐败局更有效，因为它能从源头上遏制腐败，而不是简单地加强查处力度。

因此，财政透明不仅是政府履行保障公民对财政预算的知情权、参与权、表达权和监督权的要求，也是反腐败的利器。据蒋洪教授项目组的研究，日本大阪府、美国纽约州等地的政府财政信息非常细致，“比如日本，细致到具体单位的一把手招待费有多少，在哪里用餐、跟什么人用餐、吃的东西都一一列出”。当财政透明化到这种程度的时候，任何猫腻都已经不可能存在，或者说就能让所有可能的贪污腐败都暴露在阳光下。

还有比“挥霍浪费”危害更大的浪费

2009年11月，全国人大代表赵林中在北京列席十一届全国人大常委会第十一次会议期间，向全国人大常委会提交了《关于遏制过度应酬、公款吃喝的建议》，建议设“挥霍浪费罪”以根治公款吃喝之风，一时引发议论纷纭。然而，论者多从设此罪名能否根治挥霍浪费现象着眼，却忽略了公款吃喝挥霍浪费的，不仅仅是一年比修一个三峡工程还多的公款，其实还有比浪费公款更大的浪费，那就是官员们在吃喝之中浪费的时间、精力，以及因此导致的公共服务不足。

据赵林中调查，过度应酬、公款吃喝“几乎成为一些公务人员主要工作之一。一些单位的主要负责人，应酬已成为其工作的主要内容之一，有时甚至一天要接待四五批来客，以至于吃饭的时候像赶场子”，某单位负责人很为此苦恼，因为“如果不陪吃陪喝，工作不会这么辛苦”。

众所周知，老百姓纳税给政府，是要换取政府提供的公共服务，政府工作人员的一切工作，本来都是为了提供公共服务。然而，事实却是，公款吃喝“几乎成为一些公务人员主要工作之一”，这就未免让人诧异：公务人员的行为是在提供公共服务吗？如若不是，那是不是背离了“公务”——提供公共服务的本意？天天赶场子吃喝，还有多少时间、精力真正花在提供公共服务上？

官员的心思不在提供公共服务上，历史上多有议论。清代建国之初的顺治十五年（1658年），刑科左给事中任克溥在奏折中说，地方官员“十分精神，三分办政事，七分奉上官”，即官员只有三成的“精神”是用来“办政事”。姑且认为他们“办政事”就是提供公共服务，那么，也只占到所有“精神”中的三成。

乾隆八年（1743年），江西巡抚陈宏谋在给友人的信中则说：“官场陋习，上下衙门终日忙迫，究竟实在及民者甚少。”这是说官员们天天忙，但所忙的都不是“实在及民”的事，公共服务的成分“甚少”，可能三成还不到。

同在乾隆年间，袁枚在给门生的信中说：“今之州县，非不勤也，所惜者精神在上，而不在下耳。”这就是说，地方官员们不是“不勤”，所花的时间、精力也不算少，但他们的“精神”是“在上”——怎样为上司服务，而不是“在下”——怎样为小民服务，可知真正花在提供公共服务上的“精神”，可能也是不到三成的。

官员们用在提供公共服务上的“精神”还不到三成，其他的时间都花到哪里去了？这一点，道光、咸丰年间在全国各地担任过知府、道台、按察使、布政使等地方重要职位的张集馨感触最深，按他所说，官场生活就是“终日送往迎来，听戏宴会”，“来往过客，攀挽流连，余等复迭为宾主，几于无日不花天酒地”。还有点理想的张集馨，对这种生活不太满意，认为“有识者耻之”，但他无法改变“大宴会则无月无之，小应酬则无日无之”的官场生态，也只能随大流，白天忙于应酬，只是在晚上夜阑人散之后，发点感慨而已。

对地方官员们忙于应酬的风气，清代皇帝的态度是很明确的：“抚按旧习，迎送往来，交际馈遗，实为可恨”，“各衙门官员，拜往宴会，旷职营私，明季弊习，深可痛恨”。然而，皇帝们“可恨”乃至“痛恨”的表态，并不能改变官员们的作风。皇帝们也屡屡下旨严禁，但未见得有什么实际效果。皇帝们还要求管监察、纪律的科道官员们，切实履行职责，否则将受到连带处罚——“馈送宴会，已经屡旨严禁；如有不遵，著科道官指名参奏，从重究处；倘别经发觉，科道官亦著一并处治”。但是，吃喝之风仍然不见稍有收敛。

在清代，皇帝的圣旨就是法律，管监察、纪律的科道官员，也被要求去切实履行监督职责。可以说，法律和纪律的方法都用上了，但吃喝之风仍然治理不了。这就让人深思，治理公款吃喝并不是有法律上的惩处条文或有纪律上的监督就能解决的，这里面包含着更深层次的问题。

在历史和现实中，一方面是官员们赶场子吃喝，还为此感觉很“辛苦”，另一方面却是社会管理严重缺位，人们深感公共服务的不足。造成如此怪异的局面，需要考虑的也许不应该只是怎样去治理公款吃喝，而更应该思考，如何让官员们的行为，回到它应有的逻辑上来，即回到切实履行提供公共服务的职责上来。

清末“东乡案”：舆论与官场的较量

公共事件频发，这也是中国历史上的一种社会生态。每次事件发生后，公众都翘首期盼了解事件的真相，但官方或者“语焉不详”，或者玩“躲猫猫”、“70码”之类的把戏，尽管在汹涌的网络民意的逼迫下步步退却，事件的真相也得以一步步被逼近，但最终往往还是难以大白于天下，总有一些疑问被搁置起来，公众的疑虑还是难以尽释，官方的公信力也在一次次事件中受损和削弱。

真相只有一个，往往也不复杂，但为何总是难以大白呢?

一百多年前的四川东乡县（现宣汉县），发生过一起轰动全国、引起全国舆论关注的群体性事件，史称“东乡案”。该事件发生后，官方说辞和社会舆论之间存在很大的差异，在舆论的压力下，案件一查再查，但始终无法水落石出，最后是张之洞揭开了真相。

群体性事件的发生，往往有蓄积已久的民间不满，“东乡案”也是一样。该案的远因，是咸丰、同治年间为了筹措镇压太平天国起义的军费，在正式税收之外加收“津贴”、“捐输”、“茶课”等项费用，导致民间负担过重。原来正式税收是1两银子，换成铜钱交纳只需1200文，但实际的征收，居然高达13030文，换成银子，约为10两，民众为此负累不堪。后来，他们听说这些征收的钱并没有全部上交，而是被地方官吏和代收“津贴”、“捐输”的地方富绅贪污了，不满的情绪开始发酵。东乡人先是走合法程序，到四川省内各级衙门反映情况，要求清查账务，但官方不予理睬。无奈，只好到北京上访，时称“京控”。“京控”被接受后打回地方审理，两个上访代表，一个被收买，不再申诉，另一个被刑讯，在“卡房”（类似现在的看守所）里关了好几个月。

这个被关押的上访代表名叫袁廷蛟，在案子折腾了好几年没有任何结果之后，光绪元年（1875年）五月十八日这一天，他约集二三百人一起到县城找富绅“算账”。县令见人多势众，怕难以控制局面，一方面下令关闭城门，一方面要求上级派兵弹压。官方与民间的矛盾慢慢升级，局势渐难控制，东乡县令孙定扬谎称百姓聚众谋反，请兵剿“匪”。既然有人聚众谋反，四川总督没有理由坐视不管，于是“批饬各营痛加剿洗”，提督（相当于省军区司令）李有恒率兵至东乡，“将一村一寨不分善恶、男妇、老幼而尽杀之”，“举无数无辜之老弱妇孺而屠戮之”，造成数百人无辜死亡的特大惨案。

“东乡案”发生后，真相如何成为朝野争论的焦点，四川官方和社会舆论之间形成了很大的分歧。四川官方认为，该事件应定性为聚众谋反，袁廷蛟等人是“匪”，所以派兵镇压理所当然，不需承担任何责任。而社会舆论坚决否定和质疑这一定性。除了民间，四川籍京官和朝中清流派也一起制造舆论，力图推翻四川官方的说法。

先是四川籍监察御史吴镇上奏折，认为官兵“残虐无辜”，要求皇帝饬令四川总督严查究办。光绪二年（1876年）七月，下令剿杀的护理（总督不在任暂代其职）四川总督文格回奏，认为剿杀是应当的，社会上的流言是袁廷蛟一伙散布的谣言，不足为信。这一结论暂时得到了朝廷的认可。之后，监察御史李腾箫和都察院右都御史景廉等提出文格的调查结论疑点很多，与事实不符，朝廷决定让新任四川总督丁宝桢重新审理。丁宝桢审理后的结论与文格基本一致，朝廷方面再次予以认可。但舆论方面不能认同。光绪四年（1878年）二月初一，翰林院侍讲学士张佩纶上奏，认为丁宝桢“轻纵”——包庇有关人员，“人言藉藉”，请求再核。圣旨下来，要求丁宝桢“再将前案悉心复核，务使情真罪当，以雪民冤”，“不得意存回护”。张佩纶认为丁宝桢已有先入之见，应另外派人调查，建议让告病回乡的四川籍前任两江总督李宗羲调查此案。丁宝桢再奏，维持原议，否认“轻纵”。而李宗羲调查的结论与丁宝桢差异很大。朝廷无法判断，只好派出礼部尚书恩承、吏部左侍郎童华为中央专案组领导前往四川调查，但他们仍然没有揭开事件真相。

从光绪二年（1876年）到光绪五年（1879年），此案反复调查，四川官方一直在玩“躲猫猫”，其结论一直受到舆论的批评，中央一再要求四川官方严查，但定性难以改变。派出中央专案组，真相仍然难以大白。

“东乡案”的真相，是张之洞揭开的。“东乡案”发生时，张之洞正在四川任学政（类似省教育厅长）一职，他到东乡县所在的绥定府主持考试的时候，秀才们不按规定答题，却在试卷里写了很多“东乡案”的材料和议论，这是舆论的另一种反映，张之洞也因此了解到事件的真相。光绪五年（1879年）三月张之洞被调回北京任职，五月份他到北京后连上数道奏折，指出事件的逻辑链条是：“此案之查办在于滥杀，滥杀由于诬叛请剿，诬叛请剿由于聚众闹粮，聚众闹粮由于违例苛敛”。被四川官方遮掩了数年的真相终于被揭开。朝廷据此论罪，对滥杀负有直接责任的孙定扬、李有恒被判死刑，负有领导责任的文格被革职，其他相关责任人也都得到相应的处罚。

“东乡案”的审理历时三年，真相始终难以大白，究其原因，四川官方的阻力是第一原因。大凡群体性事件的发生，大多存在基层官员的渎职、腐败问题。由于渎职和腐败，事件发生后，不能及时、公正地处理，为了掩饰其行径，反而采取瞒和压的策略。事件升级后，则歪曲真相，申请动用武力。官兵滥杀无辜，致使罪责加重，势必更要不惜代价隐瞒真相。而官方作为一个整体，上级“回护”下级，沆瀣一气。“东乡案”中，几任四川总督都意图隐瞒事件真相，“回护”涉案人员。丁宝桢在晚清是以干练和清廉著名的，但在此案中仍然处处“回护”李有恒等人。“回护”的官场习气，阻碍了事件真相的揭开。

因此，公共事件真相难以大白，首先是基层官员为了躲避渎职、腐败的罪责而有意掩盖真相，其次是官场“回护”不愿揭开真相。最后真相能否大白，取决于舆论压力能否胜过地方官场的阻力。当舆论代表事件真相和社会正义的时候，当政者是不能完全置之不理的，当舆论压力足够大的时候，地方官场的阻力也可能被冲破，公共事件的真相有可能被逼近、被揭开。

古代官员为什么打击讼师

中国古代没有律师，但有讼师。讼师不是律师，因为讼师没有律师的合法地位，在历史上是“大干例禁”的违法角色，是官方严厉打击的对象。

刘衡，是清代一位颇有政声的官员，道光年间（1821—1850）曾任四川巴县知县。巴县为重庆府首县，所辖类似现在的重庆市区。刘衡在巴县很有政绩，后来巴县知识界为他总结的政绩中有一条是“本宦干济英明，以勤政、爱民为先”，而所举的例证有一项即是惩治讼师：“巴邑讼最繁，讼师辈因缘为奸，公下车即侦知猾魁为某某，先为摘伏”，于是其他讼师“惶慑敛迹”。这个被称为“猾魁”的“某某”，他到底如何兴风作浪，刘衡如何“摘伏”其人，现已无从知晓，但其他记载表明清代地方官员惩治讼师的手段是很严酷的。

晚清陕西有一位被地方官员视为“著名讼棍”的讼师陈思周，据说他“积案如鳞”，汉中知府将之捉拿，向上汇报处理方案，“请锁系五年”，被时任陕西按察使（按察使主管一省刑名，类似现在的省委政法委书记）的樊增祥认为“何其轻也”，要求加大惩处力度：陈思周脸上已被刺上“讼棍”二字，所以“勿庸再刺”，但应“重责一千板，锁系铁杆巨石十五年，期满察看禀夺”。

官方以如此严酷的手段惩治讼师，讼师因何而当受此惩处呢？官方给出的理由有许多，归纳起来主要是唆讼、诈财、挠法（即唆使诉讼、诈取钱财、阻挠司法）三条。这些问题都一定程度存在着，但把所有责任都推给讼师显然是不公平的。

比如，樊增祥在陕西按察使任上时，临潼县的讼师薛含瑞控告粮差李兴等剥削粮户、侵吞钱粮，使李兴等吐出了130余两银子，但这些银子又被薛占用。在这个案例中，樊增祥认为银子“呕诸差役之口者仍吞入讼棍之腹”，所以薛的行为并不是像他们自己说的那样是“与民申冤”，但不管怎么说，薛也遏制了粮差李兴等的贪腐，因此其行为很难说是唆讼、诈财。

又比如，以挠法而论，认为讼师“奸回巧诈，逞其伎俩，以挠国家之法，使是非、曲直无从辩”，但地方官员掌控司法大权，如果他们能够明辨是非、秉公断案，那么讼师又如何能“挠国家之法”？是非、曲直又怎么会“无从辩”？可见这样的指责也未必是完全成立的。

实际上，真正让地方官员感觉不爽的，主要是两个原因：一是挑战其权威，二是影响其政绩。

中国历史上的地方官员既管民政，也管司法，他们是行政官僚，而不是专业的司法人士。官员们靠熟读“四书五经”出仕为官，对于律例少有专门研究。宋代有人指出：“士大夫少有精于法者，临时检阅，多为吏辈所欺。”乾隆年间署理广东韶州知府的陆向荣则说：“近日宦途多依靠幕友，而于读律毫不讲解，无他，声色货利，已大耗其精血，即留心公务，已属于绪余，遑论读律耶！”

官员们不懂法，也没有必须依法办事的思维，但其权威却是绝不容许挑战的。讼师大多是进不了官场的读书人，他们既然要靠提供诉讼服务谋饭吃，对律例自然比较熟悉。民间老百姓不懂法律只能任由官员判决，懂法而又以此谋生的讼师，唆使当事人不服判决，甚至鼓动他们翻供、上诉或越诉，都是有碍甚至挑战官员权威的。

另一方面，讼师的行为也妨碍了官员们的政绩。中国历史上地方官员的政绩，一个重要的评价指标是“讼清狱结”。地方上讼案少，被看作是官员善于治理、政绩突出的表现。“无讼”，则是最高的追求。而讼案多、积案多，在考核时得到的评价是负面的。地方官员当然不会反省自己，他们只会把责任推到讼师身上，认为是讼师教唆、挑起诉讼，又使许多案件屡屡翻案乃至越级上控、久拖不决。

讼师的行为，挑战官员的权威，影响他们的政绩，自然不受官员欢迎，受到严酷惩处也在情理之中。不过，细究官员们的心态，权大于法、权力不希望受到约制的思维惯性似乎总是挥之不去。

当一个平民无端遭受冤屈而无以得申时，讼师可以帮他摆脱困境，使正义得以实现。清代的王有孚在《一得偶谈》中说：“若夫安分良民，或为豪强欺压，或为仇盗扳累，大则身家几陷，小则名节攸关，捶胸饮恨，抱屈莫伸。仅假手于庸碌代书（清代官方指定的代写状纸的人），具词呈诉，非格格不入，即草草敷衍，徒令阅者心烦，真情难达于此。而得一智能之士为之代作词状，摘状发奸，惊心动魄，教令对簿当堂，理直气壮，要言不繁，卒致冤得白，奸者坐诬，大快人心，是不惟无害于人，实有功于世。”像这样的讼师，“庶不愧讼师之名哉！”他们不是讼棍，讼棍是那样一些人——“彼播弄乡愚，恐吓良善，从而取财者，乃讼棍耳，安得以‘师’字加之？”所以王有孚的态度是——“余谓讼棍必当惩，而讼师不必禁”（〔清〕徐栋辑：《牧令书》，卷十八）。

对于历史上的讼师群体，民国时人赵秋帆的评论比较公允。赵秋帆认为，清代“播弄乡愚，恐吓良善，从而取财”的讼棍是有的，他们也是应当被惩治的，但讼师中“不乏一二杰出之士”，他们“守正不阿，洁身自好，以三寸毛锥子，鸣不平人间事”，所以“未可一笔抹杀也”（《刀笔菁华·序》）。如果社会中真的充斥唆讼、诈财、挠法的讼棍，却缺乏“守正不阿，洁身自好”者，那么更应该反思的，就不是讼师的个人道德问题，而是制度安排是不是出了问题。

官吏对上访者为何“底死不释”

清代康熙年间，湖南长沙府湘潭县有个叫石仑森的书生，因为上访而惨遭迫害，他总结上访经验的一句话尤其让人震惊：“民有冤情，一控督宪，即触抚怒，底死不释”。

所谓“底死不释”，大意是即便弄到上访人死了，巡抚仍不能释怀，怒气还是不能消除。

石仑森案的简要过程是：清初，湖南迭遭兵燹，康熙下诏减免赋税。但是，湖南地方官员征收如故。石仑森出于义愤，向湖南各级衙门反映情况而得不到处理，于是远赴京城，找到一个机会向康熙告了御状。康熙了解了情况，让湖广总督过问，因证据确凿，湖南的有关官员受到了惩处，这里面也包括湖南巡抚（当时称偏沅巡抚）。

石仑森因此名动天下，但是湖南地方官员却恨之入骨——“自湖南巡抚以下，疾之若仇”。他们终于找到一个机会，诬陷他“交通叛党”，将之杀害。据说，杀害石仑森的计划由湖南的“一把手”——巡抚和主管一省政法的湖南按察使制定，由湘潭县令杨笃生实施，杨还因此而被提拔成知府。

石仑森的命运并非特例。在清代的史料中，很容易发现类似的案例。在石仑森案及类似的案例中，可以发现官吏们对越级上访者的仇视和憎恨，用石仑森的体会来说，就是“底死不释”。

按照清代的司法制度，地方民事和刑事案件，均由县令初审。对县令的审理结论不服的，可以向知府、道台、按察使乃至巡抚、总督逐级呈控，是为上控。对地方的所有审理结论不服的，可以到京城上访、呈控，称为京控。京控可能被受理，也可能被驳回。如果被驳回，还有最后的办法——直接向皇帝告御状，称为“叩阍”。

从表面上看起来，帝国为老百姓提供了一条敞开的寻求司法正义的通道，但是实际情况却并不乐观。出于各种各样的原因，负责初审的县令是未必公正的。对于县令做出的未必公正的审理结果，当事人可以上控，但上控是不受欢迎的。在省内，上控最多能呈递到作为“一把手”的巡抚那里，可是巡抚未必喜欢经过知府、道台、按察使层层上控仍不罢休的“刁民”们的陈述。

还有比之更重要的原因是，巡抚本来就是利益链条上的关键环节，像石仑森的呈控，反映的是湖南整个官场违背皇帝旨意征收赋税的问题，这种做法巡抚不可能不知情，而且很可能就是他拍板的，你把控状递给他，他心里想的可能是从县令到知府、道台、按察使都按不下来，他心里只有憎恶，又怎能指望他主持公道，去纠正下级的做法？

在湖南省内各级衙门上控都不会有好结果，那么京控是否就能解决问题呢？实际上，京控解决问题的可能性非常小。

京控可能被驳回，这里姑且不论。我们只假设京控被接受，那么后面将如何处理呢？京城的衙门接受了京控状子之后，根据案件的重要程度，一般有两种处理办法：案情较轻的，转交相关衙门或发回本省督抚审办；案情重大的，则具折上奏，由皇帝亲自处理。

皇帝的处理办法，通常有三种：发审（发交各省督抚审办）、派审（派出钦差大臣去审理）和提审（将案件提到中央由有关部门审理）。一般来说，提审不仅兴师动众，而且表明皇帝对地方官员的不信任，因此很少采用；派审需要支付钦差往返费用，而且难保钦差不与地方官员狼狈为奸，因此也不轻易采用；最多的情况，只能是发审，但发审仍然回到总督或巡抚那里，他们不会自打耳光，推翻以前做出的结论。

由此看来，即便京控被受理，结果仍然是不乐观的。同治元年（1862年）一位名叫裘德俊的官员在奏折中说：“近来京控案件，凡奉旨发交本省亲提者，岁不知其凡几，而平反之案，百无一焉。”光绪年间的京官李慈铭则在其日记中说：“各省京控之狱，有独鞫原告百余次而不传被告者，有一家十余人尽死非命而上控之人即死于辇下者，其他亦盈千累百，无一平反。”

造成这种状况的原因是：“凡京控者，一经回省，无论是非曲直，先已视若仇雠，必至加以酷刑，适符初供而后已。”京控的作用是有限的，最多只是争取到中央对地方案件的关注，但关注却不等于结果。地方官员对于让他们丢面子的京控，显然是非常恼火的，裘德俊说的可能是地方官场最普遍的心理：

你敢告到中央，那么“无论是非曲直”，都先把你视为仇人，一旦重新落入他们手中，必定是酷刑伺候，直折磨到你的口供和最初的口供完全一样为止。地方官员对京控者具有深入骨髓的仇视，这种心态非常普遍，就连高级官员在公函中都明确说到了，比如同治年间任江苏巡抚的丁日昌就在给布政使（相当于现在的省长）的一份公函中说：“官吏一闻京控，即视原告若寇仇，辄欲加以越控之罪。”因此，地方官员对待京控，一向不是反省自己的工作失误，而是想尽办法去迫害控告者。

上控、京控乃至叩阍，是帝制时代的传统政治为老百姓提供的寻求正义的通道，但这条通道却不是畅通的。对于敢于上控、京控之人，地方官吏专门蓄养打手，对之进行殴打，这是道光年间的上谕里面就曾说到的情形。

官员“被自杀”的政治逻辑

清嘉庆十三年（1808年）十一月八日早上，受命到江苏省山阳县（当时为江南省淮安府首县，知府衙门所在地）督查救灾款发放情况的官员李毓昌被发现悬挂在屋梁上，其仆人李祥等急忙向山阳知县王伸汉报案。王伸汉随即亲自去淮安知府衙门向知府王毂报告，王毂带领仵作（类似法医）等前去查验，得出结论：李毓昌系自杀。随后，知府打报告给省里，按察使胡克家、布政使杨护都同意了这个结论，之后江苏巡抚汪日章、两江总督铁保也都同意以自杀的结论向中央报告。这样，李毓昌自杀身亡就成了一个官方结论。

然而，李毓昌自杀疑点颇多。第二年李毓昌家人到北京告状，嘉庆皇帝看到都察院呈递上来的报告，第一感觉就是：“李毓昌在县署赴席，何以于回寓后遽尔轻生，当夜自缢，其事已不近情”，“其中疑窦甚多，必有冤抑”。嘉庆身在紫禁城，仅凭一份报告就能看出“其事已不近情”，何以江苏各级官员——从知县、知府，到巡抚、总督，竟一个人都没有发现其中有问题？这显然也很不“近情”。

实际上，据两江总督铁保说，他接到王毂禀报李毓昌自杀的时候也曾经有过疑问，“疑及李毓昌查赈事竣，何以忽至投缳？”不过他没有“详究根由”，而是“草率完结”，潦草结案了。

由此可知，从情理推论，李毓昌自杀是很让人起疑的，精明的嘉庆皇帝一眼就能看出疑窦，昏聩的两江总督铁保也能感觉到事有可疑，所以这件事并不需要严密的逻辑，而只需要常识就能看出其中存有问题。

李毓昌自杀的不合情理之处，还可以从李毓昌的个人情况看出来。李毓昌是当年的新科进士，五月份被皇帝接见后，即被分派到江苏，只要有知县的空缺出来即可优先获得任命。江苏在明清两代是富庶繁华、人文荟萃之地，是当官的最好去处。明代官场有个说法：“命运低，得‘三西’”。“三西”指山西、广西、江西，这三个地方比较穷，油水少，所以当官去这三个地方被认为是“命运低”。而被选派到江苏，则无疑是“命运高”。

只要想一想，李毓昌在37岁时中了进士，正是人生得意之时，刚刚踏入仕途，就幸运地被派到江苏当官，一切都很顺利，正是意气风发、踌躇满志之际，他为什么会自杀？从情理推论，没有任何有说服力的理由。

李毓昌到江苏后，适逢黄淮水灾，江苏北部的淮安一带被水淹没，灾情严重，朝廷发下几十万两银子的赈灾款，为了保证赈灾款的正常发放，两江总督铁保选派了一个督查组赶赴灾区，李毓昌是督查组成员之一，刚到江苏就被委以重任，正是一展抱负之时，更没有理由要自杀。

既然李毓昌自杀有这么多明显的疑点，在情理上很难说得通，那么为什么主持办理此案的一线官员——山阳知县王伸汉和淮安知府王毂就看不出来？为什么不仔细查查？难道是刑侦技术落后，查不出来吗？

事实当然不是这样，不是查不出来，而是有人故意隐瞒。实际上，李毓昌之死是个惊天奇案，李毓昌并不是自杀，而是“被自杀”，作案者不是别人，正是山阳知县王伸汉。

原来，李毓昌到了山阳县，掌握了王伸汉捏造户名、冒领灾款的证据，并已经写成报告，准备呈递上去。王伸汉知道后，生怕事情暴露，便派家人包祥与李毓昌的仆人李祥勾通（两人原来认识），准备贿以重金，但被李毓昌严词拒斥。后来王伸汉又许李祥以好处，让他把李毓昌的报告偷出来销毁，但李毓昌防范甚严，无从下手。王伸汉不能得手，遂邀李毓昌到县衙喝酒，将之灌醉。李毓昌回到住处后口渴要茶喝，仆人李祥在茶里放了砒霜，李毓昌喝下后腹痛吐血，李祥又怕其不死，与另二人一起将之勒死，悬挂到屋梁上，伪造自缢身亡现场，第二天清晨再装腔作势地去向王伸汉报案。

王伸汉接到报案后，确认李毓昌已死，马上赶到知府衙门向王毂禀报，并说了谋杀的实情，“求其保全，不敢忘恩”。随后王毂前往验尸，“任听仵作喝报”——显然仵作已被吩咐怎么出具验尸报告了，做出“自杀”的结论，准备了结该案。

李毓昌家人接到死讯后，从山东即墨赶到江苏运回尸体，王伸汉向李毓昌叔父李泰清赠送150两银子，并告诉他回去后尽早安葬——“归宜即营葬”，显然是想出点钱安慰死者亲属，让其尽早安葬了事。因江苏官方已经做出“自杀”的结论，李泰清虽对李毓昌自杀抱有很大怀疑，但无法追查真正死因。

李毓昌尸体运回老家后，妻子林氏检查其遗物，发现一本书中夹有一张纸片，上面写着“山阳冒赈，以利啖毓昌，毓昌不敢受，恐上负天子”，是没有被李祥等人发现的报告残稿（成稿的报告已被搜走）；另外还发现衣服袖口有血迹，并且有毒，如果是上吊自杀，当然不可能拿衣袖去擦拭，也是不可能有毒的。所以，李毓昌家人怀疑其被谋害，开棺检验尸体，证实确有中毒迹象。

于是李毓昌家人赴北京鸣冤告状，嘉庆皇帝接到报告后大为震怒，让山东巡抚吉纶主持验尸，也得到确凿证据，之后将王伸汉、李祥等涉案人员押赴北京会审，各犯对合谋杀人事实供认不讳。据王伸汉供诉，发给山阳县的九万多两银子的赈灾款中，被其冒领的有二万三千余两，其中一万两送给了王毂、督查组其他人员等，归其自己的是一万三千余两。

关于李毓昌为什么会“被自杀”，嘉庆皇帝看得很透，他批示说：“试思职官身死不明，显有疑窦，该地方官尚相率朦混，不为究办；若无告穷民，衔冤负屈，又岂肯尽心推鞫，为之申理？其草菅人命之事，不知凡几矣！外省官官相护，系向来陋习，今官员内有相残之事，不加究诘，可见相护者乃狼狈为奸耳。”

嘉庆皇帝的这段话可以说揭开了官员“被自杀”后面的政治逻辑：以技术而论，一个人是不是自杀是不难弄清楚的，那些明显的疑点为什么会解释不清楚，“被自杀”现象为什么会一再出现，真相为什么总是难以大白，推根究原，大概不是“相率朦混”，就是有人“相护”了。

对于老百姓来说，官员都会“被自杀”意味着巨大的社会风险：如果官员对同僚都敢玩“被自杀”，那么他们以“被自杀”对待“无告穷民”又有什么好奇怪的？如果连李毓昌那样的办案官员“被自杀”都“相率朦混，不为究办”，那么“无告穷民”“被自杀”又有谁“为之申理”？

古今监狱贪腐手段为何高度相似

据2010年1月14日《南方都市报》报道《广东茂名常务副市长疑涉陈绍基案被查》，一名曾在茂名监狱服刑的犯人曝光了监狱内的种种贪腐手段，捅开了大墙之内的惊天黑幕，之后引起有关部门的重视，监狱长、政委、副监狱长和纪委书记全被免职，狱政科长及三名监区长被依法逮捕。被曝光的监狱官员贪腐手段，包括买卖服刑监区、买卖刑期等。这些手段都是300年前的老办法，没有想到到了21世纪的今天竟然还在运用，而且几乎没有什么两样，真让人有“时空倒置”的虚幻感觉。

所谓买卖服刑监区（或服刑岗位），就是让犯人出钱，以便从条件较差的监区调换到伙房、医院、集训这三个“犯人最为向往的”监区。“集训监区的领导及其他一些跟监狱上层领导有较好关系的科室或监区领导，‘就使出浑身解数来拉拢一些较有钱的犯人’，让他们的家人送钱来，以让犯人留在这三个监区服刑。”

在大约300年前的清代康熙五十一年（1712年），清代桐城派古文大师方苞因为曾给同乡戴名世的《南山集》作序而被卷入清代著名的文字狱——“戴名世案”，被判处绞刑，关入刑部大牢。刑部大牢是帝国最高级别的监狱，可称“帝国第一监狱”。“犯人”入监，首先存在被关押在哪个监区的选择问题。“帝国第一监狱”的监区有两种：“老监”和“现监”。“老监”和“现监”条件不同，差别很大。

“老监”有四个，“现监”只有一个。每个“老监”有五间房。正中那间是看管犯人的狱卒住的，墙上有窗户可以透光，屋顶有天窗可以通气。周围四间是牢房，没有窗户和天窗，不见天日，空气不流通，而关押的犯人更是常常多达200多个。犯人拥挤，臭气熏天，传染病流行，几乎每天都有三四个犯人死亡，多的时候甚至有十几个，死了就从牢墙的洞口拖出去。所以进了“老监”，就等于是走进了鬼门关，什么时候接受阎王的召唤，谁也没有办法预料。

“现监”的条件要好得多，它们是一些木板搭建起来的房子，空气流通，犯人较少，没有传染病的威胁。

根据正式规定，“老监”是用来关押重案犯的，那些大盗、惯偷、杀人重犯应该关入“老监”。“现监”则给正在打官司而没有结案定罪的人、被案件牵涉的人和证人，以及犯轻罪的官员住，类似临时拘留所，所以它不像关押重案犯的牢房那样结构牢固且密不通风。被关押在刑部大牢里的“犯人”，其实也不一定是有罪的人，有些是因案牵连，比如方苞本人；有些则是证人，比如某人因儿子不孝控告儿子，左右邻居是证人，因此也被牵连关押。按道理，这些人应该住“现监”。但是规定是规定，怎么执行却要看狱卒们的意思，是关在“老监”还是关在“现监”，狱卒们有决定权。显然，关押在“现监”，那自然是“犯人最为向往的”，是一种犯人们求之不得的“待遇”。而能不能享受这种“待遇”，就要看你花不花得起银子了。于是，服刑监区的选择，就成了“帝国第一监狱”的狱卒们最重要的贪腐手段。

狱卒们所定的“潜规则”是，要进“现监”，得花几十两银子。几十两银子，按现在的标准来看，是几千块钱到一两万块钱。这个标准与茂名监狱调换服刑监区的价格非常接近：在2003年至2005年，集训监区是4000元至8000元，医院与伙房两个监区是8000元至12000元。

茂名监狱“就使出浑身解数来拉拢一些较有钱的犯人”以调换服刑监区，这个思路与300年前的刑部监狱也是一样的。按方苞了解到的情况，当时犯人入狱，狱卒“导以取保，出居于外，量其家之所有以为剂，而官与吏剖分焉，中家以上，皆竭资取保”。所谓“中家以上”，按现在的说法就是“一些较有钱的犯人”，狱卒们“使出浑身解数来拉拢”他们，这些犯人家庭没有办法，“皆竭资取保”，看来狱卒们的目的是达到了的。

今天的监狱何以和300年前的监狱在贪腐手段上如此相似，这大概可以归到权力的运用上。所谓权力，是一种能够影响他人福利的能力。这种影响能力表现为自由裁量的空间比较大，用清代人的话说，是“人命可出可入，讼狱可上可下，盗贼可拘可纵，帑藏可侵可渔，处分可轻可重，铨选可疾可滞，人才可升可降”。在出入、上下、拘纵、轻重、疾滞、升降之间，留有很大的操作空间。而利用这种空间，利用被裁判者关心切身利益的心理，加以出神入化的运用，权力就具有了让人生畏的力量。清代的狱卒们深谙此道，今天的人比古人聪明，运用之妙自然也不逊古人。

茂名监狱除了买卖服刑监区，还可以买卖刑期。据说，花钱买减刑在犯人中是“习以为常”的事。“减一年花1万，如果再多减3个月，3000元一个月。”按照规定，服刑期间犯人劳动成绩的好坏是能否减刑的重要参考标准。而成绩好坏是由监狱管理人员评定的，这种评定就有很大的出入、上下、轻重、升降的空间，所以这种空间也被拿来卖钱，给钱可以评为积极分子，获得减刑。

茂名监狱官员贪腐手段与300年前刑部监狱官吏贪腐手段的高度相似，这种让人有“时空倒置”虚幻感觉的现象的存在，不仅说明古今官吏在权力的运用上思路完全一致，也说明了权力来源、权力监督等等方面没有实质性的改变，否则很难解释为什么会出现如此相似的情形。

“温和腐败”是个什么名堂

“温和腐败”是云南省麻栗坡县委原书记、文山壮族苗族自治州民政局原局长赵仕永“发明”的概念。

据报道，赵仕永在任麻栗坡县委书记期间，收受了在当地搞开发建设的20多名老板送的包括“年节礼金”在内的400多万元贿赂款，又以购买个人用品开成公务开支发票报销的手段贪污公款50多万元。对于自己的敛财行为，赵仕永觉得很正常。记者问他为什么购买个人用品还开发票让公家报销，赵仕永回答得很干脆：“我是县委书记，有报销的便利条件。现在当官的哪个不这样，大家都这样做，我也这样做，正常啊！”

赵仕永的这个回答很容易让人想起清同治元年（1862年）一位官员给皇帝的奏折中的一个比喻：“家家贩私酒，不犯是高手”。中国古代实行盐酒专卖制度，贩卖私酒就像贩卖私盐一样，是被严禁的。但是贩卖私酒很盛行，家家都在贩卖，就看你做事是否够隐蔽，如果够隐蔽，不被抓住——不犯事，那就是“高手”了。这位官员援引这个民间俗谚是想说明一个现实情况：“如今所谓陋规，朝廷未尝不知之，特以其不败而听之。幸而不败，则以为操守廉洁；不幸而败，则以为卑鄙无耻。”简单地说，就是大家都在做违法的事——就像民间家家贩私酒一样，就看你能不能蒙得住：蒙得住，不出事，那就是“操守廉洁”，可以算清官；蒙不住，出了事，那就是“卑鄙无耻”，就是贪官了。

赵仕永所说的情况与“家家贩私酒，不犯是高手”很相似：“现在当官的哪个不这样，大家都这样做”，那不就是等于说“家家贩私酒”吗？自己之所以“犯事”，那不过是因为自己不是“高手”罢了。官场心态来自官场生态，在制度中属于犯法的事，成了“大家都这样做”的“正常”的事，可见官场心态后面的官场生态如何不正常。

在明清时代，官吏违反规定收取陋规这种贪污腐败行为，是严厉禁止的。

但是陋规盛行，“朝廷未尝不知之，特以其不败而听之”，因为没有办法禁止，也就只好听之任之。地方官员只要不是做得太过分，以致激起群体性事件，一般也不会出事。基层官吏向老百姓乱摊派收取的钱，或者国家财政支出中截留的钱，再以“节礼”等陋规形式送给上级，层层分送，形成整个官场按权力分配利益的格局。久而久之，本来不正常的事因为“大家都这样做”，在官场内部也就成了“正常”的行为了。清代官员，不取陋规的人少之又少，连林则徐这样的人都难以例外。

道光二十六年（1846年），即鸦片战争之后数年，邓廷桢去世，林则徐接任陕西巡抚，该年陕西发生旱灾，军粮都停征了，但陕西粮道衙门对各上级衙门送礼如常——“督、抚、将军陋规如常支送”。巡抚衙门的送礼标准，是每季1300两，一年5200两（约值现在百万元人民币），另加表礼、水礼（即实物礼物）、门包等等。不能说陕西巡抚衙门收的礼都归林则徐个人，因为这些钱要用于补贴巡抚衙门办公经费，但如果说林则徐个人一分钱也没拿，那恐怕也不符事实。林则徐在人们的印象中自然是清官，但他也是不反对陋规的。

如果连林则徐这样的人都不反对陋规，那么官场风气就可以想象了。晚清的欧阳兆熊和金安清说：“外官各缺，自督抚以及州县，皆由陋规优厚耳，不必例外求赇也。……各官养尊处优，视为固有，能守此，即已名‘操守廉洁’矣。”林则徐正是这样“操守廉洁”的官员，他的操守，是不去“例外求赇”，而不是禁绝陋规。

“陋规”从字面来看，就是“鄙陋的规则”，也就是上不得台面的规则，即所谓“潜规则”。“潜规则”盛行，官场习以为常。赵仕永认为自己是“温和腐败”，就是因为自己不过是遵循通行的“潜规则”而已。他的原话，是这么说的：“我干了那么多好事，也收了那么多钱、贪了那么多钱，可我在收钱的时候，认为这是社会‘潜规则’，是正常的，并不认为有什么问题。”

但是，“温和腐败”也是腐败。腐败的根源，在于权力。赵仕永也清楚这一点，所以他说：“如果我不是县委书记，人家不会给我送钱，那些给我送钱的人是在‘期权’。”经济学中对于腐败有一个著名的“C=M+D−A”模型，即腐败（corruption）=垄断（monopoly）+自由裁量权（discretion）−责任（accountability）。在这个模型中，自由裁量权对腐败行为的产生非常关键。那么，到底什么是自由裁量权？

自由裁量权实际上是两种权力，它是通过对他人福利的影响——减少或增加他人的福利而产生作用的：“减少”他人福利而不违法，是“合法伤害权”；“增加”他人福利而符合规定，是“合理赐（福）利权”。由于每个人都有福利最大化的要求，为了避免受到“伤害”会被迫出让福利，因受益来自他人“赐予”也会主动回报，这两种行为都会增加权力拥有者的福利。因此，拥有权力者可以进退自如：恶劣者可以运用“合法伤害权”谋取利益，不那么恶劣者也可以运用“合理赐（福）利权”换取好处。

赵仕永说：“我根据现实的情况发明了两个词，叫做‘暴力腐败’、‘温和腐败’。那些不给钱就不办事的人是‘暴力腐败’；像我这样，在为人办好事的情况下收点钱，是温和的，所以我说自己是一个温和腐败的县委书记。”赵所说的“暴力腐败”，实际上就是“合法伤害权”的运用；而“温和腐败”，则是运用“合理赐（福）利权”。赵认为自己是“温和腐败”，就是因为他在运用权力时不那么“暴力”，没有“伤害”他人，而是以帮助他人、增加他人福利换取他人的回报，是互惠互利、温情脉脉的。

不管是“暴力腐败”还是“温和腐败”，其根源都是自由裁量的空间太大，说到底还是权力没有办法制约而造成的。追求福利最大化是人的天性，拥有权力而要让他不利用自由裁量权为自己谋利几乎是不可能的。因此，制止腐败，根本办法是制约权力。如果没有办法制约权力，那就没有办法制止腐败。历史上和现实中大量存在的腐败现象，已有足够的经验事实说明权力不受制约的后果，以及制约权力的重要性。

诺奖得主的智慧远不如中国贪官

1974年获诺贝尔经济学奖的瑞典经济学家冈纳·缪尔达尔（Gunnar Myrdal）曾经提出一个“速度钱”（speed money）的概念，大意是人们为了避免官僚主义的低效率，花钱去加快政府机构的文件传送和决议达成的速度，用腐败去加快繁琐的行政程序速度，使企业运转减少障碍。

缪尔达尔敏锐地发现了“速度钱”的存在，使之成为分析发展中国家腐败现象的一个不错的工具，这不能不让人佩服其诺贝尔奖得主的智慧。但是，最近看到一个例子，却让我觉得，诺奖得主的智慧其实还不如中国贪官。

媒体报道，在全国瞩目的重庆打黑风暴中，曾获“重庆首届十佳女律师”称号的胡燕瑜因重庆市高级法院执行局原局长乌小青落马而被拖下水。知情人士透露，胡燕瑜系乌小青的情妇。“他们的关系在重庆是众所周知的，胡燕瑜的许多案源都是乌利用自己的关系和权力介绍的。”一名司法界人士举了个例子：“某银行在重庆高级法院执行局申请执行一个案件，标的数亿元。乌小青人为设置障碍，久拖不执行，目的是强迫银行更换律师。当胡燕瑜作为该执行案的代理律师后，乌便积极组织展开工作，在一个月内成功执行。”据称，仅此一案，胡燕瑜就得到律师代理费4000万元。

在上述司法界人士所举的案例中，乌小青人为设置障碍，使某银行的案件久拖不能执行。在这种情况下，如果该银行向乌小青行贿，以推动执行的速度，那么这些行贿的钱就符合缪尔达尔的“速度钱”定义，在性质上可以定性为“速度钱”，该案也就属于典型的腐败，在乌小青被查处后可以作为其罪证之一。但是，乌小青很有“智慧”，他没有直接受贿，而是迫使银行更换律师，让情妇胡燕瑜成为该执行案的代理律师，于是胡燕瑜不费吹灰之力就赚了4000万元的“律师代理费”。这样，经过一个“华丽转身”，“速度钱”变成了律师费，非法的钱也变成了合法的收入。

现在的问题是，这4000万元到底是什么钱？是“速度钱”，还是律师费？如果说它是律师费，它实质上又是某银行推动执行的“速度钱”；如果说它是“速度钱”，现在它又已经变成了合法的律师费。在这里，理论显示了它不能很好解释现实的苍白。这种苍白，在一定程度上显示了中国腐败官员逃脱法律制裁的无穷智慧，以及法律制订的滞后和无奈。

假如现在我们有机会向缪尔达尔请教（他已于1987年去世），请他就上述的4000万元给出理论上的解释，他会给这笔钱一个什么样的定性呢？我想，大概他得面对一个难题了，因为用原来的“速度钱”概念解释显然不够恰当和准确。在这里，中国的贪官给诺奖得主出了一个不小的难题，缪尔达尔未必能够发明解释这4000万元钱代表的新概念。

实际上，不仅当代的贪官，中国古代贪官的智慧就已经超越了诺奖得主的智慧，因为“速度钱”在中国古代不仅早已存在，而且早已突破了缪尔达尔的定义。

在清代，官方有一个词叫“需索勒措”，按照日本学者内藤乾吉《六部成语注解》一书的解释，其意思是：“官吏办事，必当速快，有时因需索使费而故意迟延，迫人行贿，曰需索勒措（勒措，强迫也）。”所谓“六部成语”，就是中央六部衙门的习惯用语。由此可知，“需索勒措”是官方早就知道并明义禁止的行为。而根据上述的解释，它的意思就是官吏通过故意拖延不办而迫使办事者交纳“使费”来买速度，这个“使费”与缪尔达尔定义的“速度钱”意思完全一致。

清代官吏“需索勒措”的案例不胜枚举。比如，1704年，一艘在广州的外国商船准备回航，为此需要在粤海关办理一个出关手续——申领一个“出口执照”，但是，“当船准备开航时，它的出口执照被阻留了20天以上，据大班猜想，是海关书吏作怪；所以他们（在12月15日）送给他礼银100两，翌日他们便获得出口执照”。在这个事例中，粤海关书吏“需索勒措”的100两银子符合“速度钱”的定义，其伎俩完全在缪尔达尔的洞鉴之中。但是，清代的官吏们获取“速度钱”的智慧无穷无尽，有些行为就不是缪尔达尔所能想到的了。

晚清苏州有位富豪，其独生子犯了死罪，虽然多方打点，百计求脱，但证据确凿，实在没有办法通融，最后还是被判了个斩立决。这急坏了富豪，因为他的独生子还没有给他留下孙子。为了不使香火断绝，富豪买通当地官员，高价买了几个乡下姑娘，轮流到监狱里去陪睡，希望借腹生子，延续血脉。但这种事不保险，所以需要争取时间，使斩立决推迟执行。富豪在省内各衙门打通一切关系，但仍然无法可想。最后他去北京活动，终于有一个刑部书吏为他想了一个绝妙的办法：当处决富豪儿子的文书发出时，负责封订文书的书吏故意与另一封发往云南的文书调换，这样苏州官员收到的就是云南处决犯人的文书，只能退回刑部，而刑部又需等云南的文书退回再发往苏州，云南离北京最远，文书来来回回，前后耽搁一年多，富豪也就争取到了时间。在这个案例中，富豪花巨款买速度，但不是为了加快执行速度，而是为了拖慢执行速度，富豪付给书吏的巨款当然也可以算是“速度钱”，但与缪尔达尔定义的“速度钱”内涵并不一致。

无论是当代还是古代，熟悉法律的贪官污吏总能找到法律的空子，既谋到不当利益，又能逃避法律制裁。相对于贪官污吏们的智慧来说，法律显得苍白而无力。贪官污吏谋求不当利益的动力如此之大，心思又是如此的巧妙，以至诺奖得主的智慧在他们面前都显得黯然失色。因此，如果要靠不断地“完善法律”——比如增订、修补法律条文的办法来反贪，那么即便把“完善”的任务交给诺奖得主，恐怕也难以尽善。以人类现有的智慧，要比较彻底地扼制腐败，除了“釜底抽薪”，从源头上限制权力，还没有发现更好的办法。

官无封建，吏有封建

中国历史上有一个政治现象，称为“官无封建，而吏有封建”，指的是官位不能世袭，官员不能把职位传给亲属，胥吏职位同样不能世袭，但却通过种种办法使得其职位实际上成为自家的“封建”领地。这个现象，南宋思想家叶适最早观察到，明末清初的思想家顾炎武、黄宗羲等对之也很关注。

“封建”，在中国历史上是指一种封国建藩、列爵分土（“列爵曰封，分土曰建”）的政治制度。封国建藩，就是用武力取得天下的利益集团，其首领占有最高权力，其亲属和亲信被分封到各地，建立小王国，作为藩屏，拱卫最高权力。这种制度设计，既包含着有血缘或准血缘关系的一个小集团基于共同利益共同抗拒风险的意思，也包含着这个小集团坐地分赃、不准他人插手的意思。

始于殷周之际的“封建”制，包含一整套精密的制度设计，从保护利益集团自身利益的角度来看不无智慧之闪光。直到1917年，国学大师王国维仍不无赞叹地说：“其立制之本意，乃出于万世治安之大计，其心术与规摹，迥非后世帝王所能梦见也。”但是，这种制度包含着难以克服的内在缺陷，沿着这种制度的内在逻辑，很自然地发展出“官有封建”和“吏有封建”两个历史现象来。

“封建”制度的最大缺陷，是被分封的亲属、亲信随着时间的推移可能会坐大，开始觊觎更大的利益——最高权力，从而出现威胁最高权力，进而导致战争和分裂的局面。克服这一缺陷，就是不再封国建藩、列爵分土，而只是暂时授予地方管理之权，这就是从秦汉到明清实行的郡县制。

然而，实行郡县制以后，郡县官员又有视所管辖的郡县为自己私人领地的倾向，这意味着产生了“官有封建”的新问题。解决这一问题，从秦汉到唐宋，探索了很长时间。唐代的藩镇割据，可以看作是“官有封建”问题的恶性发展，其后更发展成五代十国的乱局。宋代建国之初，吸取晚唐五代的历史教训，力图从制度上彻底解决问题，其办法是把军权、财权等一切大权都收归最高权力掌控，用朱熹的话说，就是“兵也收了，财也收了，赏罚行政，一切收了”，同时发展出一切可能的限制官员的制度，如任期制和回避制，以及加强监察力度、严格办事程序等等，终于使得“官有封建”的问题得以有效解决。

但是，在“官无封建”的时候，又发展出另一个问题：“吏有封建”。为了避免“官有封建”，必须实行任期制和回避制。任期制要求一个官员不能在一个地方任职时间太长，回避制则要求官员不得在自己家乡及临近地区任职、有血缘关系的两个人不能在同一部门或地方任职，其初衷都是避免形成势力，影响中央政令的畅通。这些措施使得一个官员到一个部门或一个地方后常常还不十分熟悉政务就被调任别处，也因此产生必须依赖比他熟悉情况的衙门胥吏处理公事的情形。加强监察力度、严格办事程序，目的是规范官员的施政行为，但结果是造成了烦琐的文牍主义和复杂的法令律例。官员们不熟悉律例，没有精力对付烦琐的文牍，不得不依赖胥吏办事。这一切都给胥吏上下其手留下广阔的空间，所以不够精明强干的官员往往被胥吏们牵着鼻子走，权力也旁落到胥吏手上。

为了避免熟悉当地情况和衙门事务的胥吏们把持地方政务，也出台了一些政策，比如胥吏任职只能五年，但这些政策效果甚微。因为胥吏们可以改换名字，也可以让有血缘关系者占据其职位，比如父传子、兄传弟及传给亲友等，使当胥吏成为“世业”。比如浙江布政司衙门（相当于现在的省政府）有一个“通供”的职位，雍正元年（1723年）七月十二日御史汪继燝在奏折中说，“父以传子，兄以传弟，钱粮出入，尽归掌握”。胥吏在衙门“子弟亲戚，转相承授”，“每有父子姻亲，盘踞年久者”，这就实际上形成了“吏有封建”的现象，胥吏们把衙门发展成自己的“封建”领地，大发其财。

从打天下的皇族和亲信以“封建”的形式内部分配权力和利益，到官员和胥吏想尽办法发展自己的“封建”领地，中国几千年的历史只是在验证一个简单的道理：如果政治不是公共政治，它就会成为私人垄断权力和利益的工具。避免权力和利益为某个集团所垄断，唯一的办法是让政治成为公共政治、阳光政治。

历史实践一再证明，社会会变化，而人性是不会变的，人性的核心乃是自利，打天下的皇族和亲信以“封建”掌控权力和利益，只要有机会，作为代理人的官员也会搞“封建”，乃至临时聘用性质的胥吏都会发展自己的“封建”

领地。因此，如果政治不是公共政治，社会集团想方设法把权力和利益发展成“封建”领地的思维就不会消失，就会通过各种各样的形式和案例表现出来。

因此，“封建”制度的真正内涵，一是权力由自己人分掌，二是利益由自己人共享。合而言之，就是权力、利益都是自己人在内部分配。这是私人政治，而不是公共政治。

中国历史上的文字狱

清道光五年（1825年）冬，龚自珍写了一首《咏史》诗，其中有一句是“避席畏闻文字狱”。这句诗的大意是，友朋聚会，本可无拘无束、畅所欲言，但席间有人谈到文字狱，因不忍听、不敢听，只好退席，落荒而逃。文字狱的恐怖，于此可见一斑。龚自珍写这句诗之前的一百多年，是中国历史上文字狱最为残酷的时期，尽管道光年间情况已经大有改观，但读书人还是谈“文”色变，心胆俱寒。

所谓文字狱，也称文祸、笔祸，都是因文罹祸，因文字而遭遇牢狱之灾。但如果仔细考究，“文字狱”的“文字”可谓千奇百怪，包罗万象。

最常见的“文字”是诗，故而此类冤案也称“诗案”、“诗祸”。历史上最有名的诗案，当属“乌台诗案”，其主角是北宋大文豪苏轼。苏轼对王安石的改革有看法，在诗里发了点牢骚，结果被那些想拍王安石马屁而得到提拔的“新进”御史（相当于现在监察部的处长）嗅出对其改革不满的意思，被认为“包藏祸心，诽谤谩骂”，于是被捉到“乌台”——当时的监察机关御史台审讯，最终在监狱里关了四个月后被贬谪到远离政治中心的黄州，这还是皇帝对他印象不错，没有轻信那些想置他于死地的人的话，从轻发落了。清代许多文字狱就是此类“诗案”，如康熙五十一年（1712年）陈鹏年“重游虎丘”诗案、雍正四年（1726年）钱名世以诗谄附年羹尧案、乾隆二十年（1755年）胡中藻《坚磨生诗钞》案，等等。

次常见的“文字”是史书，此类案件也称为“史案”、“史祸”、“史狱”。历史上较早的比较典型的“史案”是北魏的崔浩在写北魏拓跋氏开国史时揭露其野蛮杀戮行径，结果被认为“暴扬国恶”，其本人及姻亲皆被夷灭五族。清代最著名文字狱中，康熙年间的庄氏《明史》案即是因修史书而起。

庄氏是浙江湖州南浔的富豪。南浔现在是著名的古镇游景点。在明清历史上，南浔因出口蚕丝而著名。庄家公子庄廷鑨早年好学，但不幸因病而双目失明。司马迁在《史记·太史公自序》中论证厄运有时反而能磨炼意志、砥砺人生时列举很多例子，其中一个是："左丘失明，厥有《国语》。"失明的庄廷鑨立志学习左丘，也要修一部能够名垂青史的史书。刚好南浔有位明代天启年间当过内阁首辅（相当于宰相）的学者朱国祯写过一部未完成的明史，而朱家后人愿意将书稿卖给庄家。于是庄家出钱，遍请江浙知名学者，组成一个修史班底，在朱国祯书稿的基础上修一部比较像样的明史，修成后取名《明史辑略》，刻印出版，为了扩大影响，还未经同意将当时的文化名人查继佐等人列入主编（"参订"）名单。该书出版后传播开来，有人买到书后发现里边有"悖逆之词"，主要是清入关以前的事，书里面的态度还是站在已经亡国的明王朝一边。因为庄家有钱，于是有人要挟要去告发以勒索钱财。这样的事情发生了好几次，都被庄家用钱摆平。浙江的各级官吏被庄家用钱堵住嘴巴，告发的人看在浙江无法达到敲诈的目的，就跑到北京告状。事情闹到中央，立即引起重视，案子越审越大，最终成为弥天大案，受牵连的有几千人，被凌迟处死的学者就有几十名，已经去世的庄廷鑨被掘坟劈棺碎尸。

另一种比较容易惹祸的"文字"是文章。文章汇集成书，就是文集。因文集、专著中某一篇文章或几篇文章而遭遇文字狱，在清代不胜枚举，其中比较著名的案例是康熙后期的戴名世《南山集》案。戴名世是安徽桐城人，当时著名学者兼作家，史学、文学的成就都很大。其学生尤云鹗把自己抄录的戴名世所写古文百余篇汇集成书，取名《南山集偶抄》（即《南山集》），刊刻出版，大受欢迎。康熙五十年（1711年），左都御史（相当于现在的监察部部长）赵申乔弹劾戴名世。刑部官员从《南山集》中找到一些"罪证"，包括文集所录的一封给弟子的信中讲到应该承认南明弘光、隆武、永历三个政权，因其在时间、地域上不在三国时期偏居川中的蜀汉、南宋末年退守崖州的宋帝之下。这自然触犯了清政权的正统性，属于大逆不道。该案牵连人数达300人之多，戴名世的所有著作被列为禁书，全部烧毁。

诗文、史著成为"文字狱"的主角是有逻辑可循的。中国古人讲诗以言志、文以载道，而读书人以治国平天下为己任，所以所谓的"志"、"道"很难脱离政治，诗文既要承担言志、载道的重任，也就不可能不涉政治，然而政治险恶，须以隐讳的方式去谈，这也养成了中国古代读书人从诗文中揣测深层含义的习惯。这种习惯恶性发展，文字被曲解原意、无限引申，就成为罗织罪名的工具，很容易就导致文字狱。史学方面，中国古代另有一种秉笔直书的传统，而掌控权力者往往不希望真相被公开、丑行被公布，秉笔直书让其丢脸，犯其禁忌，也很容易发展成文字狱。

如果说诗文、史著发展成文字狱有逻辑可循，那么其他各种各样的“文字”也发展成文字狱就是刻意诛求了。比如中国古代皇帝的生日称为万寿，该日全国要举行庆典，称为万寿节，有资格的官员要向皇帝进呈贺表，以祝皇帝生日快乐，这种贺表自然只会说好话而不会说坏话的，但是朱元璋却认为贺表中“作则”（指统治者的言行为百姓所效法，即做天下人的榜样）是讽刺他曾经“作贼”（农民起义被称盗贼），“作则”本是称颂统治者的套话，很多人无意中用了这个词，稀里糊涂地遭遇文字狱，丢掉了脑袋。

清代被打成文字狱的“文字”还有试题、日记、奏稿、榜文、表文、家规、宗谱、县志、碑文、墓志、匾额、呈词、字帖、字典、木戳等等，几乎凡是能够想到的“文字”都可能构成文字狱，由此可见文网之密。

而清代文字狱案件之多，也让人触目惊心。民国时期，北平故宫博物院文献馆曾编印《清代文字狱档》一书，从清代军机处档、宫中所存缴回朱批奏折等档案材料中辑录65个文字狱案件的原始记录，共出九辑，其中前八辑所收录的64个文字狱案件均发生在乾隆朝，只有第九辑收录的曾静遣徒张倬投书案是雍正朝发生的著名文字狱。《清代文字狱档》收录的案件只是清代文字狱的一部分，后有人另外收录5个乾隆朝文字狱，作为该书的“补辑”。这就意味着，档案文献留存较多的乾隆朝文字狱案就有69个。这仍然是不全的，收录较全的郭成康、林铁钧所著的《清朝文字狱》（群众出版社1990年版）一书，书中列举的乾隆朝文字狱案件约为140个。当然，这些都还是在史籍中留下记录的，那些不见诸记录的可能更多。即使以140个计算，乾隆是中国历史上在位时间最长的皇帝，从1735年到1796年，名义在位61年（另有2年虽然退位但仍掌实权），每年发生的案件平均都超过了2起，其中一些年份竟有六七起。除了乾隆朝，《清朝文字狱》列举的文字狱案件，在顺治朝为6宗，康熙朝13宗，雍正朝20宗，嘉庆朝1宗，光绪朝1宗。

清代对文字狱涉案者处罚之严酷、惨烈更是骇人听闻，难以想象。在文字狱的判词中，最常见的是“狂逆”、“悖乱”。在法律适用上，则是作为“大逆”罪处罚。按照《大清律例》规定，有十种最大的罪，被称为“十恶”，其中排在第一位的是谋反，排第二位的就是大逆。凡犯谋反、大逆二罪者，主犯必处极刑，也就是凌迟处死，其男性亲属在16岁以上的全部斩首，其余亲属给功臣家为奴。上述庄氏《明史》案中，庄家和参与该书编撰的有关人员被凌迟处死的有18个，被斩决的人有好几十人，家属为奴的有几百人。其他涉及书的刻印、销售、购买的人，包括写字、刻板、校对、印刷、装订以及卖书、购书、藏书、读书而被投入监狱的有二千余人。

清廷以“大逆”罪来处罚文字狱涉案者，在法律适用上是存在问题的。根据《大清律例》，所谓“大逆”罪是指“不利于君”的三种情况：“谋毁宗庙、山陵及宫阙”，即用行动毁坏皇室宗庙、先皇陵墓、宫殿，这指的都是具体的行为，与“文字”代表的言论根本就不是一回事。清代皇帝也标榜自己“不以语言文字罪人”，但实际上不仅以文字定人之罪，还定以“大逆”之罪。

“文字”属于言论范畴，言论自由是现代社会政治与精神文明程度的衡量标尺。言论自由，不能只有说“正确”言论的自由，也包括有说错话的自由，只要没有实际的危害社会的行为，就不构成犯罪。当然，以现代标准去衡量古代的专制君主，那是对牛弹琴，找错了对象。但时当18世纪，在西方世界大步跨进近现代社会、公民的言论自由逐渐得到保障的时候，在中国所谓的康雍乾盛世，却完全是另一种前现代的传统黑暗专制景象，皇帝可以随意地从臣民的“文字”中断章取义，罗织成罪，并以凌迟、枭首等惨无人道的方式杀人（雍正年间的汪景祺《读书堂西征随笔》案中，为了起警示和恐吓作用，汪景祺被斩首后，脑袋被悬挂在菜市口的大街上示众，直到十年后才允许取下掩埋），而且还株连九族。这种黑暗景象，就是皇权专制主义无法无天的最直白的象征。它在给读书人造成“避席畏闻文字狱”的心理恐吓的同时，也戕害了读书人的灵智，造成了“万马齐喑究可哀”的可悲局面，阻碍了社会进步，使中国在以后的岁月中付出惨重的代价。

杭世骏丢官，满人丢天下

乾隆八年（1743年）春天发生旱灾，皇帝下了一道诏书，说是要百官直言政治弊病。

杭世骏是18世纪中国的著名学者，当时正在翰林院任编修一职。既然皇上要听真话，杭世骏就认真写了一份报告，名为《时务策》。既是“时务”，就要谈现实政治问题，于是涉及一个敏感话题：各省的“一把手”应该由谁来当的问题。各省的“一把手”是总督或巡抚。杭世骏说，现在各省“一把手”多由满人来担任，汉人没有份，“天下巡抚尚满汉参半，总督则汉人无一焉”。汉人这么多，比满人有才华的所在皆是，朝廷重满轻汉，这有点不公正吧！

杭世骏不知道他说了不该说的话，犯了一个最大的政治忌讳。中国历朝历代都是“家天下”的社会，在关键位置，特别是所谓的“疆臣”——各省督抚这样的封疆大吏，自然是要挑选最可靠的人去充任。而最可靠的人，自然是“自己人”。满人靠武力取得了天下，自然要把权力交给“自己人”。汉人谁知道有没有不臣之心，怎么能把重权交给你？这样明摆着的道理，年纪已经46岁的知识精英杭世骏居然看不透，还公开地讲出来，这不是自己找抽吗？

乾隆看了这份报告果然勃然大怒，一方面他辩解说：“国家教养百年，满洲人才辈出，何事不及汉人？”另一方面指斥杭世骏“怀私妄奏”，让刑部给他议罪，准备判个死刑。好在有人求情，最终乾隆放他一马，让他回杭州老家去了。

杭世骏说“总督则汉人无一焉”，当年的实际情况如何呢？乾隆七年（1742年），总督职位共为12个（8个地方总督，3个河道总督，1个漕运总督），任职者共13人，其中宗室1人、满族7人、汉军旗4人，而汉人只有孙嘉淦1人。乾隆八年（1743年），情况没有改变，而孙嘉淦则在该年九月被革职，所有总督均为旗人（旗籍）。此后数年，保持这种状况。因此，杭世骏的说法不能说完全准确，但基本上是符合事实的。汉人孙嘉淦当年能够任湖广总督一职，可说是一个例外，他是清代的一位名臣。

杭世骏的说法，实际上触碰到了清代政治中的一个原则，那就是权力必须掌握在“自己人”手里。所以，清代的权力安排，地方上，作为“疆臣”的各省督抚多由拥有“旗籍”（包括满洲、汉军、蒙古八旗）的人担任；在中央衙门，主官则分“掌印”和“主稿”。所谓“掌印”，就是掌握着印把子，是各部门的“一把手”；“主稿”，就是起草文件的，相当于“二把手”。比如各部的郎中，相当于现在的司长，当时有“掌印郎中”和“主稿郎中”之称。当然，“掌印郎中”是满人，“主稿郎中”是汉人。

汉人通过十年十几年几十年寒窗苦读获得一个职位，但升迁远不如有“旗籍”的人顺利。清代前中期满人还不够庞大的时候，他们只占关键职位，汉人当官一般只能呆在非关键的、油水较少的基层职位。汉人因出色才华和特殊际遇升任高官，也要时刻注意自己不能让清当权者猜忌。比如曾国藩，在代满人保住了江山之后，知道兵权掌握在自己手上容易招忌，所以自动解除兵权，这才保住名节，成为中兴名臣。

当政的满人作为特殊利益集团，他们自然不愿放弃既得的利益，但是社会的发展不由他们的意志决定。到了清末，孙中山领导的革命党人抬出了“驱除鞑虏，恢复中华”的口号，为挽回民心，抑制革命党人，清廷同意进行宪政改革。在社会各界压力之下，宣统三年（1911年）三月成立了内阁，但是组阁的13位大臣中有8个是满人，其中5个是皇族，因此这个内阁被称为“皇族内阁”，它使人们对满洲贵族是否愿意放弃既得利益失去了最后的信心，舆论哗然的同时，民心失尽。

八月十九日（公历10月10日），武昌起义的枪声打响。九月初八，资政院总裁世续等奏请罢亲贵另组内阁，称“皇族不组织内阁，为君主立宪国惟一之原则”。第二天，上谕颁布，称“内阁不再以亲贵充国务大臣”。十一日，内阁总理奕劻等奏自请罢斥另选贤能组阁，载泽、载洵、溥伦、善耆等亲贵也都奏请开去内阁大臣职务另选贤能以符宪政。然而，这个时候才做出愿意放弃既得利益的表态已经来不及了。武昌起义本来和革命党人组织的其他失败的起义没有两样，完全是在没有想到会成功的情况下取得了成功。十一月十三日，孙中山就任临时大总统，宣告中华民国成立。

杭世骏犯了乾隆之忌丢了官，而作为特殊利益集团的满人却因犯了时代潮流之忌而丢了天下。

第二章　官象

官场现象，让人目眩，尤以贪腐之机巧百出，尽显其“智慧”。逢年过节要送礼，千百年一脉相承，可置不论。“文官吃草，武官吃土”，此类腐败更显特色。贪官有“灰色收入”，清官则有“灰色福利”。特权、“官二代”等等，都是官场衍生现象。“学成文武艺，货丁帝工家”，读书人少年时一腔报国为民之理想，一旦进入官场，也只能“改廉易节”，“白沙在涅，与之俱黑”。

百年前的山东官场送礼簿

送礼是中国人逢年过节的一种习俗，这种习俗不仅盛行于民间，也盛行于官场。民间的习俗可以认为无伤大雅，而官场送礼则是一种恶习，是中国传统政治中一直无法割除的恶性肿瘤。

2009年1月，一份山东聊城某公司向有关官员进行“公关”的年度预算表单在网上流布。这份Excel文档详细罗列了212个“公关对象”，包括受礼人的职务、送礼事由、送礼标准等，涉及总金额达106万元，其中单人花费金额最高者达7.8万元。这份表单的真伪姑置不论，但泛滥成灾的官场送礼行为大概没有人会否定。2006年6月28日，十届全国人大常委会第二十二次会议期间，成思危副委员长接受新华社记者采访时笑言：“我曾经说过，中秋节前北京堵车很严重，都是送月饼的。什么时候中秋节前北京不堵车了，我们的政府可能就好多了。”这是北京的情况，在地方上，媒体报道，因受贿而被判刑的安徽省林业厅原厅长唐怀民，在其任安徽濉溪县县委书记的1995年夏天，曾与记者谈起他的“唐百万”的绰号，唐说：“我也知道有群众私底下叫我‘唐百万’。到了我这位置，想不成百万都没办法。”他举了个例子：“逢年过节，下面干部来我家，我总不能把他撵出去吧？来看我他总不能空着手吧？这么多乡镇、单位，一年十万二十万也没什么奇怪的。”因此，山东聊城的这份表单是真是伪已无足轻重，重要的是这种现象的存在已是一个不争的事实。

现实与历史惊人地相似。山东聊城的这份表单是单年的记录，但是礼年年送，如果将多年的记录合在一起，那就成为一份送礼的账簿，可简称送礼簿，而二三百年前的山东官场的确就有这样的送礼簿存在，而且其中的记录与此次的“中秋节、春节等节日慰问，预计5000元/次”几乎如出一辙。

清代雍正年间，山东曾经发生一个大案，导致一届省领导班子——包括“一把手”巡抚黄炳、“二把手”布政使博尔多、“三把手”余甸被判处死刑

（斩监候或绞监候）。事情的导火索，则是原山东蒲台县知县朱成元在其任上26年中给各级领导的送礼记录，包括有字账30本、无字账1本、散账28页，总共273页。这份详尽的送礼记录让当时的最高领导雍正皇帝震惊和震怒。但是面对确凿的证据，黄炳等人却百般狡辩，拒不承认。最后，几名已经升任的高官被判刑，收的礼着落家属赔补。

朱县令的送礼簿历史上并没有留下来，但是从各种历史材料中，我们还是可以勾勒出送礼簿中记录的内容，包括送礼的时间、由头、数额等等。

清代康熙年间吏科给事中林起龙曾经指出，像朱县令这样的官员，在任期内“参谒上司，则备见面礼；凡遇年节，则备节礼；生辰喜庆，则备贺礼；题授保荐，则备谢礼；升转去任，则备别礼”。这段话中提到了五种礼：见面礼、节礼、贺礼、谢礼、别礼，它们便是明清官场极普遍的送礼名目，无疑也是朱县令的送礼簿中的主要内容。以其中的节礼来说，朱县令当年必须送“四节”，除了三个重要的传统节日——端午节、中秋节、春节，上司的生日对于下属来说也算是“节”，下属必须送礼，所以加起来是“四节”。在晚清，还要加上上司夫人的生日，称为“三节两寿”，等于是“五节”。

节礼的馈送标准，是每节给每位上司送几十上百两银子。一年下来，朱县令给上级送的礼总共需要三四千两银子。而他的上级，比如巡抚，据黄炳自己案发前透露，每年收受的节礼是6万两，大致相当于现在2000万元人民币。

朱县令要给上级送礼，但自己工资有限，他不可能自己掏腰包，那么钱从哪里来？据康熙年间两江总督噶礼总结，“州县官员借此指名向民摊派者亦有，取库银未还者亦有，遇词讼案勒索者亦有之”。这段话指明了所谓的“礼”有三个源头：一是“向民摊派”，二是“取库银”，三是“遇词讼案勒索”。第一个是乱收费，第二个是挪用国库的银子，第三个是在司法审判的时候向原告、被告勒索钱财。这三种做法会产生什么后果呢？乱收费加重了老百姓的负担，挪用国库银子造成了财政的混乱，司法审判时勒索钱财破坏了社会公正。社会秩序就这样被搞乱了，而最终的受害者只能是老百姓。

那么，送礼为何会在官场泛滥成灾？咸丰年间四川学政何绍基说了一句大实话，他说像朱县令这样的基层官员向上级送礼，“司、道、府、州又以所得于属吏者，各效纳于上官”，这就是说，每一级下属都要向上级送礼，上级在得到“礼”之后又再送给上级，就这样银子从县里流到市里，又从市里流到省里，再从省里流向北京，整个官场内部形成一种按权力大小享有礼物、礼银的格局。因此，官场的送礼，其实质是对一部分社会财富按照权力大小进行的再分配机制。

法国启蒙思想家孟德斯鸠曾经说："专制的国家有一个习惯，就是无论对哪一位上级都不能不送礼物，就是对君王也不能例外。"清代地方官场为什么把向上司及其夫人送礼也称为"节"呢？这大概是从皇帝生日是"万寿节"、皇后生日是"千秋节"衍生出来的，既然皇帝和皇后生日是"节"，官员们要呈递贺表、礼物以示祝贺，其他节日如元旦、长至节（冬至）也是如此，那么上行下效，地方上流行"三节两寿"也就不足为奇了。因此，官场送礼的根子在于专制制度，在于专制制度下权力不能受到有效限制，官员对社会事务的支配权太大，上级对下级的升降荣辱等个人命运具有支配权，所以下级不能不向其送礼以讨其欢心。

贪官的“灰色收入”与清官的“灰色福利”

2010年2月2日，重庆打黑案中重庆市司法局原局长文强受审，检方指控文强夫妇收受88笔折合人民币1546.4928万元的财物。文强在接受法庭调查时称，检方指控其收受他人财物的情况多数是事实，但他并未利用职务之便牟利，其被指控的70多项受贿款项为其生日或过年拜年时所送，送钱者并无请托。据文强妻子周晓亚称，每年文强过生日和中秋节、春节前后，都会有人来拜访送礼或送红包，金额在2000元至2万元人民币不等，“每年过年都可以收几十万元”，而送礼的缘由只是给文强“祝寿”或“拜年”，并没有其他请求。

就在此前一个月，被查处的广东省韶关市公安局原局长叶树养因敛钱6000万元的“宏伟目标”而受人瞩目。据报道，叶氏敛钱往往不是直接受贿，而是暗示或明示对方在年节期间以“红包”、“礼金”形式送到府上，于是，每逢年节叶家门前总是车水马龙，送礼送钱的人络绎不绝。叶氏向检察机关交代说：“每天谁来过，我都记不得了，来人把‘红包’一放就走了。有的塞到枕头底下，也有的放到花盆里，正常情况下，一个年节要收一二百万元。”

在更早一些时候，因受贿而被判刑的安徽省林业厅原厅长唐怀民，在其安徽濉溪县县委书记任上时，就被老百姓称为“唐百万”。据唐氏自己说：“到了我这位置，想不成百万都没办法。”原因是逢年过节该县乡镇、单位的干部们都要向其送礼，“一年十万二十万也没什么奇怪的”。

如果上述贪官的情况，能够在一定意义上代表现实的话，那么，官场送礼之风之蔓延就可想而知了。据2010年1月国家统计局发布的数据，2009年全国农村居民人均纯收入为5153元，城镇居民人均可支配收入是17175元。而贪官们一个节日就可以收取数十万到一两百万元的礼金，光收礼“想不成百万都没办法”，这真是让人目瞪口呆，也不禁不让人扼腕长叹：做官真好！

逢年过节收礼，并没有被明确定性为腐败，所以最多只能算是“非典型腐败”，礼金、礼物有可能成为腐败的证据，也有可能不是。而被认定为腐败的恐怕只是少数，由此可以推论逢年过节的礼金、礼物，实际上已经成了官员们除法定收入之外的另一笔灰色收入、正式福利之外的另一项灰色福利。

送礼作为一种官场现象，在中国可谓历史悠久。在清代，据顺治、康熙时代的吏科给事中林起龙说，一个州县官员到任之后，“参谒上司，则备见面礼；凡遇年节，则备节礼；生辰喜庆，则备贺礼；题授保荐，则备谢礼；升转去任，则备别礼”，几乎干什么事都要送礼。

仅以其中的“节礼”而论，端午、中秋、新年三个传统节日必须送礼。省级高官如总督、巡抚一年的“节礼”收入，在18世纪初，比较穷的省份如广西是一两万两银子，不算穷也不算富的省份如江西是五万两光景，而富有的省份如广东可以达到十万两。那个时代的十万两银子，折算成现在的人民币，相当于3000多万元。

这意味着，二三百年前的清代省级高官，一年光是逢年过节收礼就可以成百万富翁、千万富翁了。清代的文官系统总共是2.7万人光景，假如平均每人每年“节礼”收入是1000两银子，那么，总收入就高达2700万两，在清代前中期就超过了年度国家财政收入的半数。由此可知，清代官员的灰色福利是很惊人的。

最近几年，公务员报考极其火爆，常有数百上千人争一个职位的情况。在历史上，科举考试也常常是数十上百人争一个名额。无论是当代还是古代，尽管有一些特权，但官员的正式收入，都未必是让人羡慕的。人们对职业的选择遵循经验理性，官员的正式收入并不让人羡慕，但人们却对当官趋之若鹜，这种悖论，灰色收入、灰色福利是最好的解释。

有一项研究认为，晚清光绪年间官员们的灰色收入是正式收入的19.5倍。这个数字是否准确姑且不论，但灰色收入远远大于正式收入，显然是不争的事实。清代文官系统的正式收入只有六七百万两银子，但灰色福利仅“节礼”一项，就有数千万两银子，两者差距是很明显的。清代官员的正式收入也许不高，但加上灰色收入就绝对是高收入。一般农民家庭，一年收入不过是一二十两银子到四五十两银子，而官员们的灰色收入却是以千两银子计算的，那么，羡慕当官的又有什么可奇怪的呢？

“文官吃草，武官吃土”式的腐败

清代民间有个说法：“文官吃草，武官吃土”。这话什么意思？

众所周知，黄河水灾一直是我们民族的心腹之患。治黄是中国古代政府应尽的公共职责，在政府四项“大政”——河（河工）、漕（漕运）、盐（盐务）、关（税关）中列于首位。治河需要经费。清代在嘉庆、道光时期，每年花在黄河、淮河等大河上的维护经费（不算决口抢险等费用）高达五六百万两银子，占国家年度财政支出的百分之十几。但是，花这么多的钱并没有买来河水的安澜，泛滥成灾的事仍然不时发生，其中道理何在？一个很重要的原因就在于治河的钱并没有真正花到河工上，而是被治河官吏贪污了。贪污的方法，具有特色的就是“文官吃草，武官吃土”。

所谓“文官吃草”，是指文官在其主管购买治河用的埽工物料（草）中的贪污行径；“武官吃土”，是指负责筑堤、打坝施工的武官虚报土方等作弊手段。通过这些方式，大量治河经费落入个人腰包。那么，到底有多少钱真正用在治河之上呢？按照清人的估计，真正用于治河的费用不过十分之一二，如果能有十分之三用到工程上已经算是很好了。

“文官吃草，武官吃土”说明的是国家财政支出没有真正用到公共服务上去的问题。这个问题中国历史上难以解决，由于皇权专制，权力无法制约，而绝对的权力必然导致绝对的腐败，所以尽管发明了各种监察、审计制度，但权力终归无法在阳光下运作，财政支出也无法真正阳光化、透明化。不过，清末的宪政改革提供了一个解决问题的良好契机，1910年首次搞财政预算，预算非常细致，完全透明，已经开始了财政阳光化、透明化的试验。

以浙江为例子。1910年浙江省谘议局（类似浙江省人大）第二届第一次临时会通过的决议案中，财政预算分为四类：民政费、教育费、实业费、工程费。以教育费来说，预算分款、项、目三级核列。如第一款是“省城及各府官立学堂经费”，其中第二项为“优级师范学堂”的经费，分为十目：第一目是职员薪水，库平银5736两；第二目是教员薪水，10742两；第三目仆役工食，1763两；第四目学生膳食，6427两；第五目试验消耗，1000两；第六目书籍图画，700两；第七目标本模型，1123两；第八目修缮房屋场所，987两；第九目杂费，2000两；第十目附属小学，6066两。

浙江的这个财政预算分类、款、项、目四级，预算已经细化，一清二楚。“优级师范学堂”年度预算经费总额是35554两银子，这是一个修正数，即预算最后通过的数目，原提案数为48257两，因“原案不分细目”，未获通过，在要求分出细目之后，裁减了12703两。这说明，一旦财政预算细化，钱该不该花、花多花少，代表审议时不会看不懂，也不难做出判断。浙江的例子不是孤例，当时各省的财政预算大致相似，有些省份甚至更加细致，而且预算都是公开的，这说明当时的财政预算已经走上阳光化、透明化的轨道，应该说，这是一个很大的历史进步。百年时光一晃而过。2009年“两会”期间，全国政协委员蒋洪教授公布他所做的《中国省级财政信息透明度评估报告》。结果显示，接受调查的30个省份中，算得上合格的只有一个省，大部分省份对本该公开的信息拒不公开。如蒋洪教授的项目组向各省发出的《财政信息调查提纲》中教育部门预算信息是调查重点，但据媒体报道许多省份就不愿意提供相关信息，与1910年浙江谘议局的财政预算中教育费的公开和透明恰成鲜明对比。此外，蒋洪教授的项目组在海外的教授以外国公民的身份向日本大阪府、美国纽约州等地申请财政信息，得到的信息非常细致，“比如日本，细致到具体单位的一把手招待费有多少，在哪里用餐、跟什么人用餐、吃的东西都一一列出”。这就是说，日本政府的财政信息是完全公开的，不但对本国人民是这样，就是对他国的研究者也不以涉及国家机密的理由拒绝公开。

财政透明是一个现代文明国家题中应有之义。老百姓对国家财政支出有知情权和监督权，但是，“没有信息公开，什么监督政府、预算审查都白搭”，人大代表也无法确知财政支出是真正花在公共服务上，还是像“文官吃草，武官吃土”那样落入了个人腰包。财政透明化说到底还是如何对行政权力进行有效监督的问题。政府积极推进财政透明化，主动接受老百姓和人大代表的监督，可以视为政治文明向更高层次发展的一个体现。

隐性腐败非新品：纪晓岚因何被流放乌鲁木齐

2010年8月，经媒体报道，人们似乎突然惊觉，一个腐败的新品种——“隐性腐败”已经相当严重，需要制定新规去界定并出台惩处措施了。

据说，这种腐败方式是新近才发展起来的，是因为我国市场经济体制日益规范，贪官的腐败方式被迫随之变化，因而从赤裸裸的权钱交易，逐渐转向隐蔽性较强的信息贿赂、期权贿赂等隐性腐败行为。

但是，如果对历史有所了解，那么就会发现，所谓的“隐性腐败”，其实也不是什么腐败的新品种，在历史上早就屡见不鲜了。以信息贿赂为例，清代官场早就谙熟此道了。

清人金安清就曾谈到信息贿赂：“京官以枢直为最华要，两书房特清华而已。嘉、道两朝领袖者全丰腴，每年得馈遗有全巨万者，不过通消息，示向背，未有公然雌黄人才于其长之前者。”

从这段话中可以看出，信息腐败在清代官场已是平常之事，算不上什么腐败的新花样。嘉庆、道光时期，那些居权要部门的京官，因为具有信息优势，仅仅是“通消息，示向背”，即给其他官员透露一点信息，每年所获得的馈赠多的就可高达上万两银子。因为这些京城权要部门的官员除了“通消息，示向背”，实际上并没有明确地帮其他人做什么事，因而显然属于“隐性腐败”；而他们每年所获的银子高达上万两，可见这种信息腐败已相当严重，并且官场上下都是心知肚明、见怪不怪的。

至于信息腐败的细节和技巧，一个与著名学者、《四库全书》总纂官纪昀（晓岚）有关的案例颇能说明问题。

纪昀的女儿嫁给当时一个知名文人卢见曾的孙子，因此两家有姻亲关系。卢见曾曾经官任两淮盐运使，在这个富得流油的职位上，自然免不了要贪污受贿。到了乾隆三十三年（1768年）的时候，两淮盐务发生重大危机，乾隆皇帝得知税银亏空严重，于是下旨严查，此前在两淮盐运使任上的官员都有贪污受贿嫌疑，成了重点查处对象，要抄家赔补亏空。

纪昀当时正在北京当官，是翰林院侍读学士，在南书房行走，自然知道了这个信息。为了给卢见曾报信，机智的纪昀想出了一个办法：让人给卢见曾送去一封信，信内没有任何文字，只有一点盐和茶叶。卢见曾领会了其中的寓意，乃是“盐案事发，要查（茶）封”的意思。

于是，卢见曾赶紧转移家产。等到钦差上门，卢见曾家产“仅有钱数十千，并无金银首饰，即衣物亦甚无几”。乾隆得报后大为恼火，说查封卢见曾家产的命令是六月二十五日发出的，而且这是秘密命令，“并未传钞”，“伊家何以早得风声，于十一、十八等日，豫先寄顿？”乾隆认为“其中情节，甚属可恶！岂有旨未到，而外人已知之理？”因此，他下令“必须严切究审，令将得自何处何人，实情供吐，不得任其稍涉含糊。如卢见曾坚执不吐，即应加以刑讯”。

在乾隆的严厉指令下，事情被查出，纪昀因此获罪，被流放乌鲁木齐。

纵观纪昀透露信息一案，假如不是当年的两淮盐案是牵涉整个官场的大案，乾隆十分关切，纪昀以“盐、茶”传递的信息可谓隐秘，很难会被发现。信息有时候关系个人命运，对官场人士来说，自然是十分重要的，也是愿意为其支付费用的。纪昀冒很大风险给卢见曾报信，只是因为两家是姻亲；假如没有这层关系，很显然卢见曾要为此支付大价钱。这就让人们明白，对中央政令具有信息优势的京官，“每年得馈遗有至巨万者”，就一点都不奇怪了。

政治运作越是暗箱化，则信息越不公开透明，信息不对称也就越严重，越是有人愿意为了获取信息而支付费用；而信息的掌握常常按权力等级分布，权位越高，就拥有越多的垄断性信息，也就越有可能获取“信息费”，这种“信息费”类似寻租租金。

显然，权力越大，管得越多，权力越不受限制，信息越不公开透明，信息腐败的可能性就越大。因此，要扼制信息腐败，与其头痛医头、脚痛医脚，去制定新规，界定什么是信息腐败，该如何惩处，还不如让信息公开透明，少垄断信息为好。而尤其重要的，是要把不该管的经济等社会生活领域还给社会，让权力的运行受到限制，使“隐性腐败”的空间尽可能减少。

任职回避能扼制腐败吗

2010年6月，因广东中山女市长李启红被“双规”，领导干部的任职回避问题再受关注。

据2006年8月7日发布并施行的《党政领导干部任职回避暂行规定》，县（市）级主要领导干部不得在本人成长地、地级市主要领导干部“一般不得”在本人成长地任正职。而李启红则是在上述“任职回避”规定发布之后4个月，才开始其“本土市长”生涯的。因此，有论者认为，如果李启红不在原籍担任领导职务，就不至于深陷亲属组成的“政商共生”网而不可自拔。

这种观点固然不无道理，但却对任职回避制度寄望过高，无论是从历史经验还是现实情形来看，都是缺乏支持的。

任职回避制度在中国历史上是早已有之，到了清代已发展得极其完备。

清代的官员任职回避制度，大致可分避籍、避亲、避职三类。避籍即回避原籍，或称地域回避，其规定主要有“避本省”和“避五百里”两个方面。“避本省”即不得在本人原籍所在省份当官；“避五百里”指如在原籍相邻省份为官，则其任所与其原籍必须远隔五百里以上。五百里如何计算估计是个难题，乾隆九年（1744年）的细则规定，五百里指“任所与原籍乡僻小路”相距五百里。

避籍是任职回避制度的重点，此外还有避亲、避职等规定。避亲，指有血亲、姻亲关系者不得在同一地区或同一系统任职，有师生等社会关系者类同。避职即职务回避，比如军机处是机枢要地，为了避免暗通机密，曾规定道台以上官员子弟都得回避，不得任军机章京等职。又如户部下辖十四司，分别管理各省钱粮等事务，那么官员就不得出任涉及本省事务的那个司的职务，“籍隶山东者回避山东司，籍隶河南者回避河南司”。

清代对任职回避的规定非常严密，执行也非常严格。乾隆年间，一个叫张廷泰的人获任浙江绍兴府通判，乾隆皇帝接见时发现其口音像是绍兴话，询问之后，得知其年幼时曾随父在绍兴居住过数年，因而话中带上了绍兴的口音。乾隆认为，“通判虽系闲曹，但以本籍人居官其地，于体制究为未合”，吩咐将张廷泰交给福建巡抚，在福建省内找个通判位置给他。从这个事例中看出，虽然通判是不重要的“闲曹”（闲散小官），而且张廷泰只是小时候在绍兴生活过，但乾隆还是要求严格执行任职回避的“体制”。

严密的规定，加上严格的执行，那么，任职回避制度能否扼制腐败呢？答案是否定的。无论是当时的观察家，还是当代研究清史的人，对清代各个政务领域蔓延难治的腐败，都有深刻印象。

腐败的程度，腐败总金额较能说明问题。1897年2月25日《纽约时报》的新闻述评说，清政府地方官员在人民身上榨取的钱财，“其数量肯定是可观地超出，甚至远远超出最后上交到国库的数量”。笔者的研究，结论是清代官场腐败总金额大致是国家财政收入的2倍。而研究晚清财政的周育民先生则认为，在晚清腐败总金额应该在2亿两银子以上。按晚清国家财政收入7000余万两到1亿两银子来算，2亿两银子是国家财政收入的2—3倍。

由此可知，清代的任职回避制度并没有扼制住腐败。认为任职回避制度可以扼制腐败，并没有历史经验的支持。实际上，任职回避制度设计的初衷，并不是为了反腐败，而是为了避免官员因血缘、地缘、业缘等因素而扭抱成团，妨碍中央政令的畅通，挑战皇权专制的权威。当然，无可否定，任职回避制度在实施过程中，起到了一定的扼制腐败作用，只是这种作用非常有限，不能对之寄望过高。

清代的任职回避制度，其设置的严密度已达极致，执行的严格也可以说已达极致。当代的任职回避制度，显然难以望其项背。既然清代的任职回避制度对扼制腐败的作用非常有限，那么在当代也就不能指望通过这种制度彻底反腐。

腐败的根本原因是权力不受有效监督。中国传统政治智慧尽管在许多方面表现出极尽巧思之境界，但唯独缺乏对有效监督权力的深入思考。因此，在反腐败问题上，传统政治智慧固有可供借鉴之处，但更应借鉴的是现代政治智慧，特别是权力制衡、权力监督等现代文明成果。

陆游的三峡遭遇与寻租现象

南宋孝宗乾道六年（1170年）十月十三日，诗人陆游坐的船出事了。

出事地点在长江三峡，当然，现在它已经被水淹没了。陆游之所以经过三峡，是因为朝廷任命他为夔州通判，他这是去赴任。夔州在现在的重庆奉节县。通判是一个微末小官，从八品，按现在的说法，只是一个科级干部。

从陆游的家乡绍兴出发去夔州，走的都是水路，最后一段要从长江逆流而上，途经三峡。而三峡中新滩一段多险滩暗礁，经常出事故，最是难行。陆游乘坐的船在新滩过了十分之七八的时候，船撞到了水里的礁石，船底被锐利的石头撞穿，整条船陷在那里动弹不得，都快要沉了。

新滩的南岸叫“官漕”，北岸叫“龙门”。“龙门”水流湍急，水里又暗礁密布，行船很危险，所以，当天陆游乘坐的船，走的是南岸的“官漕”。“官漕”可以行船，但水里也有很多锐利的石头，如果船里没有装载很多的东西，轻舟一叶，那么问题不大，不巧陆游搭乘之船的船工为了多赚点钱，带了很多瓷器，船比较沉，结果就撞到石头了。

江中的石头成了行船的危害，但据陆游的了解，这种危害不是不能治理，只是在治理时，遇到了人为障碍。“滩害至今未能悉去，若乘十二月、正月水落石尽出时，亦可并力尽去锐石，然滩上居民，皆利于败舟，贱卖板木，及滞留买卖，必摇沮此役，不则赂石工，以为石不可去”。

长江之水夏涨冬枯，在农历十二月、正月的枯水时节，水落而石出，如果派石工把那些锐石铲除，是可以办到的。当时官方已经准备实施这个方案，但是，石工们却说技术上不可行，以致事情长期以来得不到处理，这个地段也就成了事故多发地段。

石工们之所以如此，是因为接受了滩上居民的贿赂。滩上居民之所以贿赂石工，乃是因为能够从“败舟”中获得好处：一是修船需要木材，他们可以卖木材；二是行人要下船住宿，他们可以提供服务以挣钱；三是船上有些东西要卖掉，船工、行人滞留要买东西，他们可以因此做买卖。归结为一句话，就是他们能够通过“败舟”而获利。如果锐石尽去，他们就失去了获利机会，所以他们要贿赂石工，阻挠铲除锐石的行动。

新滩居民为了自己的利益，而使船工、行人冒生命、财产损失的危险，这种行为应该如何定性和评价呢？

按照现代理论，新滩居民的这种行为是一种寻租现象，与现代公共选择理论创始人之一的美国经济学家戈登·塔洛克（Gordon Tullock）提到的一个例子非常相似。塔洛克提到的例子，发生在20世纪初的美国。当时美国道路状况十分恶劣，车子经常陷入泥坑，要把车子弄出来，车主需要付钱，于是美国的不少农民以此为生，为了更多地赚钱，他们甚至人为地制造泥坑或扩大已有的泥坑。

12世纪的中国农民阻挠石工去石，和20世纪初的美国农民制造泥坑，在思路上几乎没有区别，都是通过在“公共产品”——水陆道路上设置障碍，让行人付出代价——经济学上所说的“租”（rent），以使自己获利。这两件事，一件发生在12世纪，一件发生在20世纪，说明它是超越时间的；而一件发生在中国，一件发生在美国，则说明它是超越空间的。农民又处于社会底层，谈不上高深的学养。因此，上述中美两国农民的行为，只能说明这是不受时空限制、不需要高深学养，就能想到并付诸实施的基本生存策略，它十分普遍，动力也非常强大。

假如再进一步推理，就会发现这种现象的可怕。由于12世纪的中国农民和20世纪初的美国农民都没有什么权力，他们也只能通过向石工行贿，或自己费力挖坑的办法，获取一点好处。如果他们的身份被置换成掌握许多“公共产品”的官员，情况又将如何？可想而知，作为社会精英的官员们，智力既不逊色于农民，又怎么会想不到通过设租谋求好处？特别是权力没有受到有效制约，设租的空间很大时，又有什么办法让他们不寻租？寻租的现象又怎能不泛滥成灾？

寻租的危害，在新滩居民阻挠石工除去锐石，而使船工、行人冒生命、财产损失的危险这件事中，可以看得很清楚了。寻租泛滥的社会，必然是“公共产品”质量很差的社会。要提高“公共产品”的质量，就要限制寻租行为。要限制寻租，就要限制权力。寻租泛滥而无法限制，只能说明制约权力的制度设计存在问题。

赌场为何“打不掉”

山西阳泉市城区公安分局巡警大队原大队长关建军用了13年的时间，使自己从一个普通警察变成拥有数亿资产的“黑老大”。这名“黑老大”的发家史也别具一格，竟然是从开设赌场开始的。由于在阳泉开办了“打不掉的赌场”、“最安全的赌场”，“半年时间，关氏兄弟挣了上千万元家产”。

赌博在中国是违法的，开设赌场更是为法律所严禁。从供求的角度去看，法律严禁意味着合法供应为零，而赌博是大有需求的，市场供需失衡，就隐含着巨大的商机，如果能够成为唯一的供应商，自然是财源滚滚。问题只是在于，开设赌场既然是违法的，那就不“安全”，随时面临被“打掉”的危险，要排除这种危险，需要权力的保驾护航，使法律无法正常运行，而关氏兄弟恰好有个“李刚”式的爸爸，一切对他们来说不在话下。

中国历史上，对赌博的处罚非常严厉。在清代，按照《大清律例》的规定，参与赌博的，平民和士兵都是要被打一百板子，戴上锁枷示众两个月；如果是官员，首先要革职，另外还要戴枷。如果是设赌，处罚更严厉：轻的打一百板子，判三年徒刑；重的要被发送边远地方充军，乃至“绞监候”——绞刑待执行。如此严厉的处罚，却不能禁止设赌。一般来说，敢于设赌的，后面都有权力罩着，这种例子不胜枚举。

雍正年间，有个叫宋筠的御史（相当于现在监察部的处长）在山西巡察，到盂县（现属阳泉市）的时候，发现有人聚赌，宋筠就问：“赌博新例甚严，尔等何不怕官？”回答说：“官离此数十里，不得知道。”宋筠再问：“衙役稽查如何？”回答说：“送他几百文钱，就可完事。”在这个案例中，设赌者不怕查赌，因为负责查赌的衙役容易买通，“送他几百文钱，就可完事”。

嘉庆二十五年（1820年），林则徐出任杭嘉湖道（辖杭州、嘉兴、湖州）道台，他在杭州查赌时，发现他的道台衙门的办事人员就是赌场的后台，他处理了几个人。咸丰九年（1859年），段光清任浙江按察使。按察使负责一省刑名，其职位相当于现在的省委政法委书记兼公安厅长。段光清发现杭州城里从知县、知府衙门里的工作人员到驻杭军队的武官们，都收了赌场的好处费，所以无法禁赌。

段光清去抓赌，查到一家赌场，是一个藩司（布政使衙门，相当于现在的省政府）衙门的书吏和一个县衙差役合伙设赌，等于是省政府和县政府的工作人员合伙开赌场，平时自然没人敢查，他们每个季度有几千两银子的收入。藩司书吏被“请”到按察使衙门后，当天晚上来探消息的络绎不绝，第二天书吏的弟弟也来找段光清求情，最后段光清让书吏罚款千两银子了事。

清代福建赌风很盛。道光二十二年（1842年），张集馨在福建任汀漳龙道（辖汀州府、漳州府和龙岩州）道台，道台衙门设在漳州。当时漳州城里妓院、赌场很多，它们每个月要送300银元的“娼赌费”到道台衙门给道台，道台的家人则给十几银元到几十银元不等，这已经形成惯例。家人张淦向张集馨请示这个钱怎么处理。张淦说，以前的各任道台没有不收的，只有徐继畬在任的时候不收，但又不好裁掉，家人便将之归到厨房做伙食费。

张集馨说，吃饭要吃自己的薪水才能心安，归入厨房，和自己收受没有差别，还是发给漳州城外督造战船的军工厂吧，自己“不沾丝毫，较为干净”。张集馨算是官场的另类，他觉得收受“娼赌费”太脏，但他的前任基本上都是收的，这等于是默许嫖娼、赌博合法化，地方政府作为一个整体成了娼赌的后台。

从历史上的禁赌现象可以看出，仅有严格的法律是不够的，法律必须得到有效执行才起作用。而法律要得到有效执行，必须排除权力的干扰。山西阳泉巡警大队长“黑老大”和他的黑恶势力开设赌场、组织卖淫、非法采矿、敲诈勒索、故意伤害等等，几乎无恶不作，甚至干扰司法、冲击党政机关，可谓无法无天，但他们居然在13年中未受有力打击，直到中央批示才受严惩，这反映了某些地方的社会治理存在许多问题，这些问题的产生显然与权力干扰法律有关。

地方要实现善治，就必须使权力处于有效监督之下，使其无法干扰法律。只有如此，法律才能得到不折不扣的执行，黑恶势力才没有潜滋暗长的灰色空间。

清代学政与当代督学

2010年10月，吉林省政府教育督导团原总督学于兴昌受贿上千万元被判无期徒刑，这让很多人颇感意外，“大家都没想到教育界也会有这么大金额的腐败案”。在人们的印象中，教育管理机构相对来说属于清水衙门，官员受贿机会较少。于兴昌受贿千万元的事实，使人们固有的观念受到了挑战。

历史上，人们也曾认为教育领域腐败现象没有行政、司法等领域的腐败现象严重，这实际上是一个误解。

在清代，官场腐败有一套不成文的规矩，叫做陋规。陋规在各领域又有不同的叫法：在盐务领域叫“盐规”，在漕运领域叫“漕规”，在税关领域叫“税规”或“关规”，在驿站领域叫“驿规”，在教育领域则叫“棚规”。为什么叫“棚规”？

清代负责一省教育事务的官员叫学政，意为“提督学政”，“掌一省学校、士习、文风之政令”，负有督察省内各地教育领域官员的职责。学政一般任期三年，三年之内要轮流到省内各府、直隶州督察考试。督察考试要进考棚，每次进考棚地方上要赠送几百到上千两银子的好处费，这些钱就叫“棚规”或“棚费”，在贵州也叫“红案银”，在四川则叫“过山礼”。

晚清时，四川学政到一个府或直隶州所得“过山礼”是400—600两银子。由于学政一年要在省内的好几个府、直隶州督考，多的有十个八个甚至更多，这样一年所得的“棚规”就有几千两银子。

除了“棚规”，学政还通过编写、发卖教学参考书赚钱。康熙五十三年（1714年），湖北学政李周望刻书卖给刚进学的生童，一部书卖二三两银子，一年下来赚了差不多6000两银子。四川、云南等省学政卖差不多的一部书则收湖北三倍的钱，因此赚得更多。除了编写、发卖教学参考书，有些学政还刻印自己的诗文，要求生童们出钱购买，类似现在教育官员自费出书，却摊派给各学校要求学生出钱购买。

清代学政是由中央委派的，一般有资格受委派的是翰林院学士和在京衙门中进士出身的中级官员。被委派担任学政，就是得到一个“学差”，时称“翰林仰首望差……得一学差，俭约者终身用之不尽”。由于灰色收入丰厚，连高官——六部长官都很眼红。

学政得到“棚规”是官场通例，皇帝知道，并不要求取缔，只是“降旨明白晓谕，并令学政等不得于规外多索矣”。因此，收取“棚规”并不违法，也不会受到惩罚。要惩罚的，只是学政评卷不公、贿卖生员名额等行为。

由此可知，清代负责财政、司法及盐务、漕运、税关等政事的官员贪污腐败固然严重，而负责教育事务的官员腐败现象也同样严重。官员们在各自的权力“领地”内贪腐同样严重，所不同的，只是贪腐的形式和手段而已。

在于兴昌受贿案中，据法院审理认定，从2001年到2009年，于兴昌利用担任吉林省高校党工委副书记、省教育厅副厅长、省政府教育督导团总督学的职务之便，在学生择校、考试录取、调剂专业等方面为他人谋取利益，每笔贿款从5000元到20万元不等，收受或索取他人财物共计953万元，其中于兴昌分得801.8万元，另有1000余万元家庭财产不能说明合法来源。

这就是说，于兴昌受贿的来源是他自己的权力“领地”——专门管高校厅级干部的选拔任用，高校厅级干部就是各高校的校领导，于兴昌通过给他们打招呼，在学生择校、考试录取、调剂专业等方面为他人谋取利益。学生择校、考试录取、调剂专业等方面本有很大的灰色空间，而影响高校领导命运的于兴昌向高校领导请托，在自己的权力“领地”内焉有不成功之理？也正因此，他在数年之内受贿千万元，而且是非常安全的。他的出事，也不是因为这种请托活动，而是因为一桩房地产案子被扯出。

每个官员都有其管理的事务，也就都有自己的权力“领地”。“领地”不同，贪腐的形式可能不尽一样，但未必有贪腐程度的差异。官员之间，也可以通过互相交换自己的权力“领地”达到互惠的目的。所以，要使贪腐现象减少，除了监督权力的制度建设，还要尽量缩小官员的权力“领地”。

“吃空饷”凸显财政无效率

2011年2月份，在半个多月中，媒体连续曝光了数起“吃空饷”事件，如福建龙岩市“九年吃空饷公务员”、重庆万州“官二代吃空饷两年”、湖南永州“数百教师吃空饷”，等等，使得“吃空饷”现象引起广泛关注，百度百科也在2月19日增设“吃空饷”的新词条。

“吃空饷”并非最近才有的现象。早在1999年，媒体就报道仅33万人口的国家级贫困县宁夏同心县，吃财政饭者多达1.1万人，超编2800多人——有拿工资不上班的“挂职干部”，也有仅十岁的“娃娃干部”、“书包干部”，甚至有四五岁的“学龄前儿童干部”。十多年来，“吃空饷”报道不绝，可见顽疾难治。

追究“吃空饷”的语源，“饷”本意指军粮，引申为军人的俸给。所以，“吃空饷”本意是指军官虚报兵员冒领军饷。在二十五史中，未出现“空饷”这个词。但在清代的官方文书中，有“空饷”一词。在行政领域，中国古代的确存在“不上班但是可以领工资”的现象，但并没有类似同心县那样严重的情况。中国历史上特别是明清时代，地方财政的管理极为严格，其整饬有序超出我们现在的想象。

不妨举一个例子。据同治十年（1872年）纂修的《合江县志》（该县位于长江上游，隶属四川）记载，该县吃财政饭的公务人员，正式编制包括：知县一名，年薪45两，养廉银600两；典史一员，年薪31.52两，养廉银80两；教谕、训导各一名，年薪各40两；廪生（县学学生）20名，共64两；衙役之类的县政府办公人员（包括门子、皂隶、马快、轿伞扇夫、仵作、膳夫、捕役、门军、禁卒、更夫、斗级、仓夫等）共68名，工食银每人每年6两，共408两；民壮8名，每人每年工食银8两，共64两；铺递兵6名，每人每年工食银6两，共36两；救生船水手12名，每人每月支银0.6两，共86.4两；还有用于春秋祭祀文昌庙、社稷坛等用银每年66两。总计财政支出1560.92两，其中吃财政饭的共118人，工资1494.92两。当然，如果遇到有闰月的年份，廪生、衙役等要加补一月的工资。

这就是说，清代的州县吃财政饭的人很少，一个县只有一百多个人，而财政支出非常明确，财政纪律非常严格。这些工资的来源也非常清楚：比如养廉银共680两出自火耗，救生船水手工资86.4两是盐库给钱，因为设置水手的目的是负责盐船在江上的运输安全，其余大部分出自地丁银。当地税收中留用为工资的在财政制度中叫“存留”，其余都要上交，称为“起运”。

清代地方财政收支制度非常严格，运行效率很高。这种财政制度也有弊端，主要是地方财权太小，很多地方公共服务没有财政支持。其好处是因其执行的刚性而扼制了财政支出的混乱，“吃空饷”之类的现象根本就没有存在的可能性。

但是，“吃空饷”普遍存在于军队中。军队与地方的差别，主要是地方管商民，负有征税的职责，因此其腐败表现为征税时的摊派和多征，地方官场对这部分财富进行再分配；而军队没有征税权力，收入靠国家财政拨款，所以其腐败方式便主要是通过平时虚报兵员、战时虚报军用物资耗费来达到目的。因此，“吃空饷”成为常见手段。鸦片战争爆发之前的1838年，禁烟派官员黄爵滋在奏折中说，“粮多冒领，则有饷无兵”。1853年吏部右侍郎爱仁则向皇帝奏称，京师“步军营额设甲兵共二万一千余名，风闻现在空额过半”，可见“吃空饷”现象之严重。

古代军队的“吃空饷”与现下“不上班但是可以领工资”的现象尽管有很大的不同，但两者也有共同点，即财政的混乱和无效率。公共财政本来应该完全用于公共服务，但“吃空饷”却使公共财政支出转化为个人私利。

现下中国财政制度的缺陷，是行政成本过高，导致用于公共服务目的的财政支出不足，教育、医疗、住房、社会保障等方面的财政支出远远不够，负担转嫁给民间，导致教改、医改、房改等严重变形，民众为此付出沉重代价。

行政成本过高，既与行政机构膨胀、人员庞杂、人浮于事有关，也与“三公”消费严重、“吃空饷”屡禁不绝等现象有关，因为养了太多的人，耗费了太多的财政资源，导致本该用于公共服务的财政资源被压缩、挤占。要改变这种现象，必须让财政真正回归到公共财政，而这需要深层次的改革。

从"蛋白质特权"看当代中国特权现象

2009年，媒体曝光了许多特权事件，涉及特权车、特权房、特权学校、特权用人等等，可谓形形色色，无奇不有。特权车现象看起来在全国非常普遍，河北邯郸有一份市五大班子领导机构和市交通局等单位约300辆的"特权车名单"，海南一辆车牌号为"琼A93396"的省直机关公务车两年内共闯红灯158次、最多一天竟闯红灯4次，如此等等。特权房比较有名的一个案例，是浙江温州旧城改造建房被官员低价内部认购。特权学校的例子，有陕西铜川一中只招机关工作人员子女入学，河北沧州东光县实验小学将招生对象限定为"县城内党政机关、事业单位在编干部职工子女"，等等。特权用人事例也非常多，如河南固始县"公选"乡长大多是当地官员亲属、"温州市龙湾区安排干部子女就业"等诸多事例。

根据生活经验，人们可以推断，没有被曝光的远比被曝光的多。被曝光的已不胜枚举，没有被曝光的有理由相信实际上已经弥漫在社会生活的各个领域。如此众多的特权现象，到底说明了什么问题？

特权现象，在中国是有悠久历史的。在中国古代，皇室享有最大的特权，各级官吏等而次之，享有大大小小的特权。解放后，刘少奇说："一切特殊的待遇，也可以叫特权，应该取消。"但是，"特殊的待遇"还只是制度化的特权，它"应该取消"而实际上并没有真的被完全取消，而其他非制度化的特权，更是随处可见，数之不尽。

特权的一个表现，是特殊人群对社会稀缺资源享有优先占有的权力。这种优先占有权在特定的历史条件下显得特别突出，比如半个世纪前的"三年自然灾害"时期，物资严重匮乏，对肉、蛋等副食品的优先占有就成了一种特权。

根据当时的"特供"制度规定，从1960年8月起，对在京的高级干部（共产党员政府副部长以上、非党员副局长以上）和3级以上的高级知识分子，分别发给甲、乙级特需供应证。甲级证每月供应肉2公斤、蛋1.5公斤、糖1公斤；乙级证每月供应肉1.5公斤、蛋1公斤、糖0.5公斤。

从1961年2月起，凡科研9级、工程技术10级、医务12级、出版9级、新闻13级、文艺11级、高教9级、中专7级、中教4级、小教1级以上人员以及17级以上的干部（处级、科长级），月供应食糖0.5公斤、大豆1.5公斤；相当于行政13级以上的人员（司局级、地市级），每月供应肉1公斤、蛋1公斤、糖0.5公斤、大豆1.5公斤；相当于行政7级以上的人员（省部级），每月供应肉2公斤、蛋1.5公斤、糖1公斤、大豆2.5公斤。

在物资充裕的今天，人们可能难以理解肉、蛋、糖、豆的重要性。只有经历过那个特殊年代的人，才能领会这种规定后面的特殊含义。这种特殊含义，可称“蛋白质特权”。由于生命活动不能缺少蛋白质，一个人每天需蛋白质0.8—1.2克/公斤体重，蛋白质摄入量不足会致病。人体所需蛋白质，主要来自肉类、禽蛋类等动物蛋白和豆类食物中的植物蛋白，前者较后者为优。中国有发达的豆制品，主要原因就是古代平民百姓吃肉不容易，以豆制品替代以摄取蛋白质。“三年自然灾害”期间，肉、蛋等副食品严重匮乏，这时候蛋白质就成了一种极度稀缺的社会资源，优先占有蛋白质就成了一种特权。

从规定中可以看出，行政级别越高，蛋白质供应的数量、质量就越优越。当时戏称有权享受肉、蛋的干部为“肉蛋干部”，有权享受糖、豆的干部为“糖豆干部”。“肉蛋干部”比“糖豆干部”享有更充分、更优质的蛋白质，而“糖豆干部”又比连糖、豆供应都没有保证的人更优越。这种通过制度化的力量确定的对蛋白质的等级性享有权利，显然是制度化的特权。

制度化的特权保证了行政级别越高健康越有保证。一般老百姓，只有病人、产妇、幼儿等特定人群才能享有数量不足、质量较次的蛋白质供应。比如从1959年10月起，规定对产妇实行一次性补助鸡蛋、肉、红糖各1公斤，病人每日补助肉食7钱、鸡蛋9钱，儿童每人每月补助供应食糖0.5公斤、鸡蛋2.5两等。1961年1月，规定对浮肿病人每人每月补助供应鱼1公斤。

这种在特殊年代对于享有蛋白质的等级性权利规定，是当时的“特供”制度的一部分。所谓“特供”，即特需供应，是对特殊人群的需求保障，是特殊人群对社会稀缺资源的优先占有权力。解放后实施的这种“特供”制度，其渊源有两个：一是帝制中国特权制度的遗留，二是学习苏联。

在帝制中国时代，宫廷中对各类人等的食品供应有明确的等级规定，比如清代对皇帝的女人所能享受的食品用准法律的《宫中则例》加以规定。皇帝的女人分皇后、皇贵妃、贵妃、妃、嫔、贵人、常在、答应八个等级，《宫中则例》规定她们每天可以享用的猪肉标准分别是26斤（清代单位，下同）、12斤、9.5斤、9斤、6.5斤、6斤、5斤、1.5斤，蛋的规定则是皇后每天10只，皇贵妃每天5只，贵妃每天4只，妃、嫔及以下不保证供应。这种规定不是按个人实际需要量来确定的，而仅仅是体现特权的一种等级制度。当然，如果物资匮乏，那么等级地位高的人享有优先占有食物的权力。

在苏联，有专门为苏共高级干部开设的“特供商店”，高干们可在里面购买物美价廉的商品，供自己及家人享用。苏共也为中央干部提供特殊的医疗条件，在莫斯科郊外和一些风景名胜区建立疗养院，供其免费疗养。此外，干部子女可以进最好的学校学习，毕业后再进入最好的部门工作，工作后又可以很快走上显贵的权力位置。学习、工作、升迁，各个环节都特别优先，处处享受特权。苏共干部享有特权，形成了一个明显的特权阶层，这使其失去了民心，成为后来大厦倾覆的重要原因之一。

特权反映了社会不公平，这种不公平在平等思想已经深入人心的今天是让人难以接受的。但是，要消灭特权，不能只是要求消灭特权车、特权房、特权学校、特权用人等等特权现象，说到底，这些现象只是特权的表现形式，而不是特权产生的原因。特权的实质，是对社会稀缺资源的优先占有。而社会资源常常是受权力支配的。因此，可以说哪里有不受制约的权力，哪里就会有特权，权力对社会资源的支配能力越大，特权现象就会越严重。由此可知，要消灭特权，必须使权力受到有效制约，对社会资源的支配，应该尽可能交由市场化的力量而不是行政权力去完成，说到底，是要拔除优先占有社会稀缺资源的“特权精神”存在的制度之根。否则，“蛋白质特权”虽被取消，仍然会以其他形式表现出来。

中国历史上的“官二代”与王凝之现象

西晋诗人左思才华出众，但因出身寒门而郁郁不得志，愤懑在胸，化为呐喊，对“世胄蹑高位，英俊沉下僚”的社会不公现象表示了强烈的质疑和不满，由于说出了寒士们的共同心声，千余年来一直引起强烈的共鸣。

左思生活的时代，是一个讲究门阀出身的时代，士族全面掌控社会资源，不是出身门阀世家，很难挤进政治核心，所以出身寒门的左思仕途不顺是情理之中的事。

士族出身的人无才无德却占据高位，王凝之可谓典型。王凝之官至会稽内史。会稽内史是会稽郡的最高行政长官。王凝之凭什么占据这样重要的职位呢？可以说，没有任何别的原因，仅仅因为他是“官二代”。

王凝之何许人也？只要加上三个身份标签，你就知道他是什么来历了。这三个身份标签分别是：第一，他是谢道蕴的丈夫。众所周知，谢道蕴是才女，以一句“未若柳絮因风起”标名青史。但是，关键的不是谢道蕴有才，而是她的叔叔是宰相谢安。王凝之差不多算是宰相女婿，当然可算“官二代”了。第二，王凝之是王羲之的儿子。众所周知，王羲之是“书圣”，是中国历史上最著名的书法家。但是，大概很少有人知道王羲之曾经也做过会稽内史，也是高官，其父官至淮南太守。从这一点看，王凝之也是“官二代”，甚至“官三代”，当会稽内史简直是世袭。第三，王凝之是王导的孙儿辈。王导和谢安齐名，甚至权势还在谢安之上，两人都是东晋王朝的台柱，并称两大宰相。王导是王羲之的族叔。王家和谢家，是东晋最有政治势力的家族，“王”、“谢”并称，王家还排在谢家之前。王凝之既是王家之人，又是谢家女婿，其“官二代”的显赫身份谁能与之相比？捞一个会稽内史的官当当，自然不在话下。

问题是，王凝之有什么才能可以胜任会稽内史这样的重要职位呢？这一点，从一件事情上可以看得很清楚。王凝之信奉五斗米道，孙恩、卢循起兵造反，攻打会稽，作为地方最高长官的王凝之先是不相信同是五斗米教“教友”的孙恩会谋反；等叛军逼近时，又不肯组织抵御，而是做法事请“鬼兵”助阵；当城被攻破的时候，他仍然不相信有“共同信仰”的“教友”孙恩会杀他，因此也不逃走。其结果是，王凝之被一刀砍掉了脑袋，子女全部被杀害。

从王凝之应对紧急事态的行为来看，他是一个政治白痴，根本就不具备政治判断力。他的夫人、才女谢道蕴是个有眼光的人，早就看出他是个草包。史载谢道蕴“大薄凝之”，意即非常鄙薄王凝之，她还曾向叔叔谢安抱怨说：“不意天壤之中，乃有王郎！”大意是“天下怎么还有王凝之这样的人！”将窝囊废推上领导岗位，以致误人误己、误国误民，这不是窝囊废本人的错，而只能说是门阀政治的错。

无才无德的“官二代”占据重要位置，而有才有德的寒门之士却无法施展才华，这在门阀政治之下是常态，这种落后的制度最终被扔进了历史垃圾堆。隋唐之后由于实行科举制，选拔人才机制逐渐公开、公正，王凝之现象已不多见，士族也逐渐退出了历史舞台。然而，百足之虫，死而不僵，权力世袭的思维在中国历史上从来就没有真正退出过舞台，在某些历史时段还会死灰复燃，甚至变本加厉。

“官二代”现象是帝制中国社会竞争的必然逻辑。在帝制中国时代，几乎所有社会资源都受政治支配，通过垄断政治就可以垄断经济利益、社会地位等，因此社会各阶层必然都力图将政治资源掌控在自己手中。无论是魏晋的门阀士族，还是明清的衙门小吏，他们的思维并无不同，都力图通过垄断政治而垄断社会资源。而为了垄断政治，就要规避竞争，因此权力世袭是最好的办法，故而都将之视为一种社会博弈策略加以采用。

由于帝制中国的政治本来就是一个“家天下”的私人政治，而不是政治权力向社会各阶层开放的现代公共政治，所以治理“官二代”现象总是显得力不从心。很明显，只要政治特点没有发生实质的变化，社会博弈策略也不会发生实质的变革。只有政治成为公共政治，政治竞争是公开、公平的，王凝之现象才有可能彻底消除，否则社会博弈规则决定了操控政治的小利益集团势必不会放弃优势的地位，通过垄断政治而垄断社会资源，成为社会特权阶层。

没有驻京办，清代照样有“跑部钱进”

2010年1月，数千家驻京办将被撤销的消息传出，社会反应集中在三点：一、支持“撤销令”。南方周末网对撤销驻京办的看法进行调查，该月28日上午笔者上网时看到，“支持”数为3086，占96.23%，“反对”数为121，仅占3.77%。二、担忧“名亡实存”。绝大多数的评论文章和网民评论都不相信一纸“撤销令”就能使驻京办真的消失，而是认为其将会换个方式生存。三、不相信撤销驻京办能够制止“跑部钱进”现象。腾讯网做了一个调查，问题是：“撤销驻京办能改变‘跑部钱进’的现状吗？”28日上午笔者上网所见，选“能”的为749票，占9%，选“不能”的为7959票，占91%。

综合上述三点反应，可以发现中国的社会现实颇为尴尬：驻京办助长腐败，舆论公认应当撤销，但绝大多数人却相信：即便下发“撤销令”，驻京办仍然会“名亡实存”，“跑部钱进”的现状也不见得会改变。归结起来，就是一句话：驻京办当撤，但撤不能解决问题。那么，问题到底应该如何解决呢？似乎没有人能给出答案。也许，并不是不能给出答案，实际上大部分人心里都有答案，只是不说罢了。

这种现状，可以说反映了中国现实中普遍存在的改革困境。这种困境的表达式，是“不改不行，改了也未必行”。这种困境，不只在驻京办问题上存在，其他许多社会问题上都有类似情况。这种困境的普遍存在，似乎在印证一个看法，即制度变革如果没有某种质的突破，这种困境永远都摆脱不了。以“跑部钱进”现象来说，这个问题历史上已经想了很多解决办法——包括禁止驻京办，结果还是和腾讯网调查中绝大部分人的看法相似，是“不能”解决问题的。

中国历史上地方政府设在京城的办事机构，可远溯汉魏时期的“郡邸”，唐宋时期则有“进奏院”，明清时期这种专门机构不复存在，民国之后重新出现，解放后省级政府设有驻京办，“文革”中被撤销，改革开放以来逐渐恢复，及至近十几年中渐成繁花迷眼之势，负面问题逐渐显露。从历史上看，驻京办起起落落，但“跑部钱进”现象却一直是存在的，从未消停过。清代是没有现在意义上的驻京办的，但“跑部钱进”不仅严重，而且也是禁而不止。

清代“跑部钱进”的钱有一个专门名称，叫“部费”。“部费”的总体规模极大。关注现实的晚清学者冯桂芬说，他曾和熟知内情的人议论中央各部衙门办事人员——书吏们的“部费”收入，一致认为光是吏部四个司的书吏每年所得就有大约300万两银子，加上兵部、户部、工部，四部书吏每年所得应该不少于1000万两银子。

冯桂芬和朋友估算了中央的吏、户、兵、工四部办事人员可能得到的“部费”总额，不过中央部门不止上述四部，而且冯桂芬的议论中对“部费”的具体表现也没有细说。道光二年（1822年）御史（相当于监察部的处长）佘文铨向皇帝呈交了一份请求革除“部费”的报告，则把中央六部衙门的“部费”名目交代得比较清楚。

据佘文铨报告中所列，户部管财政，“外省每遇奏销地丁，则向外州县提取奏销部费；报销钱粮，则提取报销部费”；吏部主管官员的任免、升降、调补、处分等事务，刑部主管刑名案件，“至调一缺、题一官、请一议叙，及办理刑名案件，皆以部费为词，有打点、照应、招呼、斡旋各名目”；工部主管建筑、工程，兵部主管军需物品的采购和监制、修筑城墙等事宜，所有这些过程都有部费，“河工、军需、城工、赈恤诸务则曰‘讲分头’，所需部费自五六万至三四十万不等”，所谓“讲分头”，大概就是吃回扣的意思。从佘文铨的报告来看，基本上是无“部”不“费”，无事不“费”，要办事就要花钱，不花钱就办不成事。

佘文铨的报告得到道光皇帝的重视。该年十月初九日，道光下了一道上谕，要求严厉禁止“部费”。“通谕各直省督抚查明所属，如有倡为部费名目者，即指名参奏，并根究京中贿托何人，一并从严惩办”，“一切部费名目概行禁革，以除积习而饬官方”。

然而，官场积习并未根除，皇帝的上谕看起来也没有起到多大的作用。因为冯桂芬写文章时已到咸丰、同治年间，距离道光上谕的发出已有大约40年，这时候又来讨论这个问题，可见问题并没有得到解决，而且看起来更加严重。

道光时期没有驻京办但仍有严重的“跑部钱进”现象，道光朝野都看到了“跑部钱进”已经到了不改不行的地步，然而改了仍然不行，可见正是陷入了“不改不行，改了也未必行”的困境。这种困境，显然是传统政治智慧无法解决的。

驻京办的存废是一种制度变迁，而制度变迁的绩效并不完全由制度本身所决定，因为驻京办这种制度只是整个制度体系的一小部分，在整个制度体系没有系统变迁的条件下，其绩效是很难评估的。这是问题的一个方面。另一方面则是，制度有正式与非正式之分，正式制度只是所有型塑人们社会选择的约束的一小部分，制度实施的绩效还受到历史传统等诸多非正式制度的影响，因此作为正式制度的驻京办存废的绩效如何，也是难以简单下结论的。

驻京办改革要走出“不改不行，改了也未必行”的困境不容易，其他类似问题的解决亦可作如是观。社会进步是由许多细微的进步积累而成的，如果撤销驻京办意味着进步，那么即使进步非常细微也应该支持。当然，我们更希望改革有大智慧，能使进步更明显、更大一些，比如对权力运用的随意性进行更有力的约束、财政制度的设计更合理一些，等等。

古代读书人进入官场后为什么会“改廉易节”

中国历史上有一个现象，即许多读书人在年少时胸怀治国平天下的大志，想着如果自己当官就要做一个廉洁奉公的清官、为民请命的好官，但当了官之后，却不是成了因贪被抓的贪官，就是成了同流合污的庸官，完全与年少时的志愿相违背。为什么会这样？

原因应该是多方面的，清官官场人士对此就多有议论。

田文镜是雍正时期（1723—1735）一个有能力的官员。雍正六年（1728年）九月八日，他在向雍正汇报他出任河东总督几个月来整顿山东官场的情况时说了这样一段话：“虽有自爱之州县，初登仕籍，正思发抒其幼时之所学，以致君泽民，而临以贪得无厌、分厘不饶之上司，不得不改廉易节，大丧其平生之所守，唯唯以从命也。”

这段话翻译成现在的意思，是说有一些洁身自爱的州县官员，他们刚刚获得做官的资格，正想着把自己从小学到的知识用到工作中去，以实现报效皇恩、泽及百姓的理想的时候，却遇到了贪得无厌、送礼少一分一厘都不行的上司，因此不得不改变廉洁奉公的志向，丧失年少时立下的平生志愿和操守立场，唯上司的话是从。

雍正在看到田文镜的奏折之后，在其中“不得不改廉易节”几个字的旁边加上了朱批：“言及此，实可谓叹息流涕者！”——说到这个，实在可以说是让人叹息流涕啊！

在清代皇帝中，雍正性格最为苛厉，整肃吏治也最严。不过，对于基层官员的“改廉易节”，看来雍正也想不出对付的办法，只能“叹息流涕”。田文镜很受雍正信任，作为山东的“一把手”，在山东官场搞了一场大整顿，不过基层官员阳奉阴违的多，最终是无功而罢，山东官场并没有因此变得清廉起来。这样看来，即便是像雍正这样的“明君”、田文镜这样的“能臣”，对于基层官员的腐败也是无能为力的。

田文镜对基层官员腐败原因的分析，也有同时代其他人的经历的印证。早在雍正元年（1723年），监察御史王培宗曾以自己当过州县官员的亲身经历总结说：“总之，小臣之不廉，由于大臣之不法。”由于州县官员为了应付上司需要花很多钱，比如为了给上司创造一个良好的办公环境，“铺垫公堂、修理衙署”等等，下级都得出钱；逢年过节，需要送礼；“拜贺生辰并父母妻室，人参、貂皮、锦屏、彩灯，百物索取而未尝餍其欲”；还有更过分的，居然为儿子捐官的钱也要派到州县头上。州县官员不可能自己出那么多钱，所以只好挪用国家税银，售卖国库里的粮食，“或派撒民间，或明加火耗，或暗增秤头”。王培宗反问道：“欲为廉吏，岂可得哉？”——想当一个清官，你做得到吗？

来自上司的压力是基层官员难以清廉的重要原因，而来自同僚的压力则是另一方面。乾隆、嘉庆年间的学者洪亮吉曾分析地方官员说：“其间即有稍知自爱及实能为民计者，十不能一二也。此一二人者，又常被七八人者笑，以为迂，以为拙，以为不善自为谋。而大吏之视一二人者，亦觉其不合时宜，不中程度。”所谓十官九贪，当十个官员之中只有一二个清廉时，这一二个官员就要面临被同僚讥笑、被上司看作不合时宜的巨大压力。一般人很难承受这样的压力，只能同流合污。

基层官员不能清廉自守，社会氛围、自身名利计算也是重要原因。曾国藩的同乡兼朋友刘蓉，同治年间官至陕西巡抚，他在一封给当官的朋友的信中写道：“今州县之中，稍有洁己自好者，不惟白首下僚，无望夫官阶之转，而参劾且随之；而贪污者流，既以肥身家，乐妻子，而升擢之荣，岁且数至。彼此相形，利害悬绝。彼廉吏者，名既未成，利亦弗就。而独舍天下之所甚利，犯当世之所甚忌，此岂其情也哉！宜乎竞通私贿，煽起贪风，虽或负初心、亏素守，然犹每顾而不悔也。”

趋利避害是人的本性，当清官没有实际好处还难以升迁，当贪官不仅肥了自己，高兴了老婆孩子，还升迁有望，两相比较，只要不是傻瓜，都会选择当贪官。

总的来说，当清官不仅需要看轻物质利益，还要不惧怕上司的压力，也不怕同僚和社会风气的压力，因此需要特别坚硬的内心支撑，而这样的人注定是少数，所以历史上清官总是不多见的，他们只能作为特例而存在。

第三章　民意

民生多艰，自古如此。食品安全无保障，买不起房子，却是今日才显突出的民生大问题。GDP虽大，但一涉人均即微不足道。更重要的还在于财富的分配是否公平，“权利贫困”的问题不解决，民众就无法真正摆脱贫困，难以求得社会公平。在这种情况下，让老百姓认同国家，很难。不认同而无力改变，一旦可以用脚投票，有人即选择离国，这就是民意所向。

贫困线标准该提高了

1980年，四位新华社记者赴陕西、甘肃、宁夏调研，他们了解到了让人难以置信的贫穷和饥饿。在陕西安塞县的王家湾公社，公社副书记雷步升介绍说，1979年，全社5189人，平均每人只从集体分到口粮315斤，收入32元6角9分，人均现金才1元6角1分。在最困难的1973—1976年，情况更是糟糕："一口人一百来斤口粮，不到过年早就光了，靠糠和谷壳、麸子对付到开春。苦菜刚一露头，就挖得吃了。苜蓿成了主要食物，根本舍不得喂牲口。苜蓿吃光了，就只得打树叶充饥，槐树花叶、柠条花、枸杞叶子、臭椿叶子都摘来煮着吃。有的社员实在饿得不行了，只好去偷荞麦叶子。家里凡能变卖的东西，都换了粮吃，好多人家还经常断盐。差不多的人都是面黄肌瘦。吃了树叶，拉的屎带血，自己都不敢看一眼……这些情景，实在太惨了。"（见傅上伦等著：《告别饥饿：一部尘封十八年的书稿》，人民出版社1999年版）

这就是20世纪70年代的西北，贫穷和饥饿让人触目惊心，几至惨不忍睹。正是在这样的贫穷和饥饿的情况下，中国启动了改革开放，农村家庭联产承包责任制的推行，使农村获得了一线生机。改革开放以来，经由政府和社会各界的共同努力，中国的扶贫事业取得了巨大的成就，为全世界所肯定。

然而，中国贫困标准太低，也是一个无法回避的事实。国际上有一个普遍采用的贫困标准，即"1天1美元"。这个标准的由来是这样的：1990年，世界银行为了比较各国的贫困状况，对各国的国家贫困标准进行了研究，发现在34个有贫困标准的国家中，12个最贫困国家的国家贫困标准集中在275—370美元（按1985年购买力平价将各国货币表示的贫困标准换算成美元），因此将370美元（约合1天1美元）作为衡量各国贫困状况的国际通用标准，而将275美元（约合1天0.75美元）作为国际通用赤贫标准。由于"1天1美元"简单明了，并在2000年被联合国千年发展目标采用，因此广为人知。实际上，因各国物价水平和消费结构随时都在变动之中，“1天1美元”并非是个高标准，而只是最贫困国家的低贫困标准。

中国农村贫困标准在1985年、1990年、1994年、1997年由国家统计局农村社会经济调查总队根据全国农村住户调查分户资料测定，其他年份使用农村居民消费价格指数进行更新。1985年，贫困线的标准是人均年纯收入为206元，2007年为1067元，2009年提高到1196元。2011年3月，全国政协委员沈雯在递交给“两会”的提案中，建议将标准调高到2400元以上。2400元按现在的美元汇率计算，也就是“1天1美元”，如果按购买力看则和1985年的206元差不多。

贫困线标准调高，不一定意味着真实标准的提高，因为这涉及购买力的问题。按照北京的米价来计算，1985年北京大米为0.254元/斤（据《北京志·物价志》），206元钱可买811斤大米，平均每天2.22斤；2009年北京的大米以2元/斤计算，1196元可买598斤，平均每天仅为1.64斤。这意味着，虽然2009年贫困线标准从表面看是调高了，而真实购买力还不如1985年，因此实际上不仅没有提高，反而是下降了。

按照中国1997年制定的贫困标准，以每人每日2100千卡热量作为最低营养需求，食物消费支出份额高达85%。但是，现在国际公认的营养学推荐标准的人均每日热量是2600千卡、蛋白质72克。而按照恩格尔系数，食物消费占总消费的60%即为贫困，占85%可算极端贫困，或称赤贫。因此，中国的贫困标准是非常低的标准，是极端贫困标准，不仅热量标准低，也没有考虑蛋白质及其他营养需要，它不是保证健康的，而仅仅是维持生命的食物线。

贫困线标准过低，有两个显而易见的结果：一是贫困人口被低估，二是财政投入不足。世界银行公布的中国2001年贫困发生率，按“1天1美元”衡量为16.6%，按“1天2美元”衡量为46.7%，而当年国家统计局公布的农村贫困发生率，按农村贫困标准衡量仅为3.1%。财政投入方面，据国务院扶贫办的数据，从1980年到2007年的28年间，中央财政安排扶贫资金1600多亿元，平均每年仅为57亿元多一点，与每年数万亿元的财政支出总额相比，可谓九牛一毛。

解决贫困问题是民生大事。必须看到，提高贫困线标准，加强财政扶贫力度，仅是解决贫困问题的一个重要举措。除此之外，加强扶贫款去向的监督，特别是去除可能制造贫困的制度性因素，也是不应忽略甚至是更为重要的问题。

中国食品安全不缺法律缺法治

中国的食品安全问题看起来已陷入一个亟须治理而又难以治理的窘境。

2011年“两会”，政协委员提交了200余个与食品安全有关的提案，目光聚焦于食品安全。3月5日，国务院副总理王岐山说：“很惭愧啊，刚吃饱，就出现了食品安全的问题。”其意思是，刚刚解决了温饱的问题，食品安全又成了新问题。“3·15”消费者权益日，央视播出“健美猪”真相调查，著名食品企业双汇集团被曝使用“瘦肉精”猪肉。

近年来，与“健美猪”类似的案例层出不穷，如苏丹红、三聚氰胺、皮革奶，以及毒大米、毒豇豆、毒韭菜，等等，难以枚举，以致有人调侃说中国人在食品中完成化学知识的普及。

以往，人们相信食品安全屡出问题是由于制度供给不足，即法律、法规等制度不完善，导致市场行为失范，假冒伪劣盛行。但是，“健美猪”事件却让人们看到了另外一种景象，即法律已经足够完善，但仍然无法扼制不法行为的发生。

在中国，一头猪从生长到消费，原有一整套包含养殖、贩运、屠宰和销售的严格规定。按照有关法律，对使用瘦肉精养殖生猪，以及宰杀、销售此类猪肉的，将以生产、销售有毒、有害食品罪追究刑事责任。同时，按照动物检疫的有关制度，生猪外运必须通过养殖地的检疫部门检疫，获得动物检疫合格证明、运载工具消毒证明和五号病非疫区证明三大证明。此外，中国早在1995年就已颁布了《食品卫生法》；为了从制度上解决现实生活中存在的食品安全问题，更好地保证食品安全，2009年6月1日起开始施行新的《食品安全法》。由此可以看到，关于猪肉安全的法律、法规可谓齐备，各环节的安全防范措施不可谓不严密，但它仍然不能扼止以可能致癌的瘦肉精喂养的“健美猪”猪肉走上人们的餐桌。

由此，至少让人们明白了一个道理，即光有法律、法规不行，如果法律、法规不能落到实处，那么法律、法规就形同废纸。而在当前的中国，一个严重的问题，即在于法律常常难以落实，从而导致法律的尊严未能深入人们的内心，社会的法治程度也比较低。

食品安全涉及生产、销售、监管各环节，任何一个环节出现差错，都会导致安全事故。生产者、销售者为了个人利益，不惜造假，因为他们从生活经验中知道法律常常是不起作用的，犯法未必会受惩处，逃避法律惩处的成本并不高。监管者不把法律当回事，因为他们知道他们作为执法者，不认真执法也未必会受惩处，而通过执法权力寻租捞取私利才是划算的选择。因此，他们都选择了藐视法律，不把法律当回事的态度。

有法律而不起作用，社会中的个人行为就失去了规范，而社会则失去了秩序。公众为此承担失范和失序的恶果，在食品安全方面，就是苏丹红、三聚氰胺、皮革奶、毒大米等等此起彼伏，不断出现，人们的身体健康甚至生命安全难有保障，不知道厄运什么时候会降临到自己头上。

在现代社会，政府是公共安全的唯一合法提供者，公众以纳税的形式支付公共安全的成本。因此，当包括食品安全在内的公共安全受到威胁时，公众有权利要求政府对此负起责任。政府不仅要制定公共安全方面的法律，也必须让这些法律落到实处。“徒法不足以自行”，法律需要人去执行和维护。而垄断公共物品供给的政府，对法律的执行和维护负有全责。但要让政府对法律的执行和维护负起全责，必须让政府回到法治的真义。法治的真义，是所有权力——包括最高权力都受到有效的监督，政府及其代理人的行为都要受到有效的约束，对他们的不尽职应有畅通的渠道进行监督和问责。只有如此，他们才能全心全意为公众服务，对公众的安全负起责任。但是，在中国，由于众所周知的原因，对官员的监督和问责并不是那么容易实现的，这导致了官员经常玩忽职守，只有在运动式的执法风潮中才会尽责。

因此，中国食品安全缺的不是法律，而是法治。要让食品安全治理摆脱窘境，也许只有回到法治的真义才有可能。

晚清以来北京的房地产

一屋难求已成为中国普通老百姓的心病。古语云：安居乐业。安居是乐业的前提，无居可安，如何乐业？房价居高不下，许多人买不起房，许多人买了房成了房奴。从历史上看，似乎从来没有什么时代像现在这样住房成为普通百姓难以承受之重。中国古代说一个人贫穷通常用“家徒四壁”这个词来形容，“徒”的意思是“只有”，一个人家里只有四面墙壁，此外空无余物，他的确是很穷。但是，今天的中国人，能够拥有四壁已属幸福，已经不能算是穷了，那么这个困境到底是如何造成的？回到历史，也许我们能够发现症结之所在。

中国的城市，生活成本一般以首都为最高，古代和当代都是如此。唐代诗人顾况曾经拿白居易的名字开玩笑，说长安“居大不易”。长安是首都，生活成本很高，文坛领袖顾况拿文学青年白居易的名字开玩笑，倒也并非完全是戏谑。中国历代首都，都有“居大不易”的情况。那么，导致首都“居大不易”的原因是什么呢？从历史上看，原因主要是米贵——这一点在“长安米贵”、“米珠薪桂”（米像珍珠，柴像桂枝）之类的成语中可见一斑，至于“居”，却并非那么让人苦恼。这一点，从百余年来北京的房租与大米的关系中也可以看出来。

晚清光绪年间，名士李慈铭在户部（类似现在的财政部）任职，他没有在北京买房子，但他租住了一套大房子，是已故闽浙总督季文昌的住宅，地段很好，房子宽敞气派（曾朴在《孽海花》中有详细描述），每月的房租只有6两银子。当时京城的米价是一石3两银子。这就是说，住这么一所大宅子，月租仅相当于2石米的价钱。一石米大约是现在的155斤。这座宅院除了花圃、庭院之外还有20多间屋子，以单间计算，每间的月租金大约是15斤米。这个房租还是光绪六年（1880年）涨价以后的，此前每月只需4两银子，还要便宜1/3。

民国时候，鲁迅在北京生活。1923年8月他搬入砖塔胡同61号，三间正房，不算厨房等公用空间，房租每月8元。按当时的米价，8元可买100斤多一点的米，算下来每间房的月租是30多斤米。这个租金看来有点偏高。据著名社会学家陶孟和的调查，1927年北平10户小学教员家庭平均人口5.2人，住房平均4间，房租平均6元。当时白米每斤约需0.1元，算下来每间房的月租金是约15斤米。按照1932年官方数据，当时每间房的租金，楼房是2—4元，瓦房1—3元，灰房0.5—2元。

这种状况一直延续到解放初期。明清时期，北京有许多会馆，多是京官为了方便家乡士人来京应试及候补官员暂住捐建的，同乡求居例不交租，或只交很少一点管理费，而多余的房子则用来出租，用于修理等费用。解放后，由于会馆拖欠房地产税极为普遍，影响国家财政收入，故北京市政府要求各省成立“会馆财产管理委员会”。之后要求住户正常交租，据其后的整顿报告，各省会馆房租每间每月通常是十几斤米。1952年11月28日的《云南省（北京）会馆财产管理委员会筹备会工作情况报告》统计该委员会接管的房地产共有房屋488间半，接管后收租米10062.50斤，每间房屋的月租金大约是21斤米。与之相似，陕西在京会馆房产共1084间，共计租米22677斤，平均每间约米21斤。由此可见，当时京城房租价格相似，每间房子月租金在21斤米光景。相对于其他会馆来说，上述几个省份的会馆房租为21斤光景，算是高的，这个租金大致就是当时的房租市场水平。

我们可以看到，从晚清到解放初期，北京的房租通常就是每间房月租金十几斤米。货币可以涨跌无常，而用米来衡量，则房租保持着相对的稳定，变化不大。

那么，同时期的收入水平如何呢？李慈铭当京官的正式收入不算高，大致是每年100两银子和7.8石的米，但他每年有数百上千两银子的灰色收入，因此，尽管租住大宅院，年租72两银子还是不值一提。鲁迅当年月收入有300元光景，房租8元自属小事。1927年接受调查的10户北平小学教员月均收入为56.39元，房租6元也不是问题。解放初，1950年11月13日政务院通过并下达的中央人民政府各直属机关新参加工作人员试行工资标准规定的每月工资，主席的1级工资是米3400斤，21级到16级的科员工资是240—400斤米，最低级别的25级勤杂人员工资是120斤米。由此可知，哪怕是一个最低级别的勤杂人员，即便单位没有给他房子，他需要自己去租一间房子住，房租也不是太大的压力。

还可以具体比较一下民国时候中低收入者的住房购买能力。比如民国时候的北京小学教员，通常认为收入较低，“代表一部分之下户及大部分之中户家庭”，即属于中等偏下的水平。据陶孟和先生1926年组织的调查，北京小学教员月工资平均是40元，年薪为480元；加上其他收入，月均收入为56.39元，家庭年收入约为677元。

1912—1924年间，鲁迅先生在北京曾两次买房。1919年，为了全家团聚，鲁迅和周作人花了3675元买下八道湾11号一座“三进的大院子”，可供周氏三兄弟全家人居住。1924年，鲁迅和周作人兄弟失和，鲁迅搬出八道湾，只好重新买房，后以不到1000元买下阜城门内西三条的一套四合院（现在北京鲁迅博物馆附近）。以此计算，鲁迅1924年所买的西三条四合院，大约是小学教员两年的收入；而八道湾那套大宅院，也不过是小学教员六七年的收入而已。

另据英国人甘博（Sidney D. Gamble）的调查，同一时期北京各类职业的月工资，人力车夫（无车者）为12元，木匠为14元，女仆为12—16元，邮局拣信员为20元，邮局高级拣信员为35元，低级职员为20元或以上，高级教师为80元，高级职员为90元，学校学监为90元，图书馆员为100元，医生为125元，中学校长为150元，大学教授为280元。以这个收入标准来计算，连收入最低、生活最苦的人力车夫，一年收入为144元，买鲁迅西三条那座四合院也只需要7年的收入。

由此可知，民国时候购买住房对社会各阶层来说并不是很大的压力。按房价收入比来看，也是在现在国际上通常认为比较合理的3—6倍之内。当时的人们并没有因住房问题而深感痛苦。

由于房产产权归属个人，而个人情况千差万别，存在充分的市场竞争，所以房子的租金及售价不至于背离市场规律，历史上人们生活在北京并没有感到住房的重负。

但随着土地、房产的国有化，近半个世纪房子却成了大问题。福利分房时代，由于建设严重迟滞，住房成了稀缺资源，人们为了一套住房要争得头破血流，即便是被称为“文化昆仑”的钱钟书先生，都曾为此与人打架。

回顾60年来的中国住房制度，以1998年住房改革为分水岭，对于弱势群体来说，之前是分房难，之后则是买房难。

在1998年之前，虽然名义上享有分房的福利，但大多数人并不容易真正能够享受这种福利。1950年，北京城镇居民人均居住面积为4.9平方米，而在1960年则下降到3.24平方米，直到1980年才恢复到4.79平方米，1981年为5.08平方米，30年过去后才第一次超过1950年的水平。其后人均居住面积缓慢增长，到1997年也才达到9.66平方米。

在1981年之前，人均居住面积在5平方米以下，一家4口人，居住面积尚不足20平方米。这还是人均面积，由于分房不是平均的，有人超标分到房，也有许多人连人均居住面积都分不到，实际上是无房可住。住房供给既严重不足，分配又不公平，由此导致的结果便是普通人家三四代人挤住一个狭小、简陋的仅有10来平方米的居室，许多人为此痛苦不堪。

住房建设、供给不足的原因，从1978年10月19日国务院批转的国家建委《关于加快城市住宅建设的报告》中可以略窥一斑。该报告说："城市住房的紧张状况，主要是林彪、'四人帮'干扰破坏造成的。多年来，他们倒行逆施，破坏革命，破坏生产，搞得国民经济一度濒于崩溃的边缘。他们不顾人民死活，穷奢极欲，到处大造'行宫'，霸占庭园，搞专项工程。林彪在杭州搞的'行宫'，耗费资金两千多万元，比杭州市房管部门二十二年住宅建设投资的总和还多。……其次，有的地方和单位，无视中央三令五申，大搞楼堂馆所成风，挤占了不少资金材料，影响了住宅建设，也严重脱离了群众。"

概而言之，住房困难是由于住宅建设投入严重不足，而投入不足的一个重要原因又是因为住宅建设资金被建"行宫"、楼堂馆所严重挤占了。这种状况在20世纪80年代以后有所改善，但历史欠账不易还清。另一方面，建设资金短缺问题严重，财政负担越来越重。为了摆脱福利分房给国家财政造成的负担，从20世纪80年代以来就在酝酿的住房改革到1998年终于落地，国家终于甩掉了"包袱"，同时还有拉动经济、克服1997年亚洲金融危机的影响等功用，可谓一举多得。

市场的力量可以克服住宅建设资金不足的缺点，但对土地制度、财政制度的缺点却无能为力。住房改革之后，受1994年"分税制"改革的影响，中央和地方的财权、事权不相匹配，地方财政严重依赖土地出让金收入。加上1992年之后GDP成为评价地方官员政绩的主要指标，不卖地无法"经营城市"、保证地方GDP增速。在此背景下，地价、房价互相推动，致使房价越爬越高，按照居民收入，已经没有多少人买得起房。

不说最近两三年中的房价猛涨，仅以2008年为例，据北京市统计局信息，2008年第一至三季度，北京四至五环之间住宅期房均价为16215元/平方米，一套60平方米的房子需要97万元。2007年，北京人均工资收入约22000元，家庭平均为2.7人，家庭年收入为6万元。以年结余3万元来算，买一套60平方米的房子，需要33年。而60平方米是国务院文件上的温饱型住房标准，四五环之间也不算特别优越的地段。于此可见，房价与居民购买力之间相距确实太远，一家人一辈子的辛劳可能还买不下一套地段一般的温饱型住房。

综上所述，目前北京的房价之高，处于历史上从未有过的高位，也远远超出了人们能够承受的水准。这只能说明一个问题：目前的房价是不正常的。这从横向比较上也得到验证，纽约、东京房价虽高，但相对于收入来说，也远远不如北京这样离谱。

那么，到底是什么原因导致了这一结果？答案是房地产已成为权力瓜分社会财富的盛宴，普通老百姓的个人福利被无形中削夺了。

高房价后面到底有什么玄机呢？2009年3月，全国政协委员、恒大地产集团董事局主席许家印在参加全国政协十一届二次会议分组会时披露了房价成本构成，指出房价之高高在三个方面：一、地价，占房价的平均比已达30%左右；二、税费，房地产开发环节征收的各类税费高达一百多项，加起来占到房价的30%至40%；三、利润，房产商的高利润率，远高于房地产企业利润不超过5%的国际通常情况。由于地价、税费都转嫁到购房者身上，所以房价畸高。

其实，还有一项费用也转嫁到了购房者身上，那就是房地产开发的“灰色成本”。南京一位大型房地产开发公司经理曾经坦言：如果权力都在阳光下运行，开发一个房地产项目的成本能降低15%左右。“灰色成本”占房价之比言人人殊，有说4%，也有说40%，可能15%的情况较为普遍。地价、税费、“灰色成本”，加上房产商的高利润率，所以房价不得不高。

从这些导致高房价的因素可以看出，地价、税费的享有者是政府，“灰色成本”的享有者则是围绕着政府权力的人群，而房产商中也有相当一部分拥有权力背景，所以，高房价实际上是权力攘夺民财、瓜分社会财富的结果。此外，为了广告收入而起哄的媒体，为房产商当“托”的专家、学者，也从中分到了一杯羹，他们实际上是因为拥有另一种形式的权力而参与了瓜分社会财富的盛宴。而为这场盛宴埋单的，则是普通老百姓。

康乾盛世的GDP：表面繁荣未必真强大

按照国际货币基金组织的最新数据，2009年中国人均GDP为3678美元，在国际货币基金组织182个会员国中排在第100位。同年日本的人均GDP为39731美元，排在第17位。算起来，2009年中国人均GDP大约只有日本的1/10。

所以，当传出中国GDP超日本的新闻后，评论大多认为国人要有清醒的认知，不可产生虚骄心态。因为按人均来算，中国排名还很落后。的确如此。

据英国经济学家安格斯·麦迪森的估计，按照1990年"国际元"的标准计算，中国的人均GDP在1978年为978元，2003年为4803元。而日本，1978年为12585元，2003年为21218元。美国，1978年为18373元，2003年为29037元。从这组数据中可以看到：从1978年到2003年，中国的人均GDP提高了3825元，日本、美国则分别提高了8633元、10664元。

由此可知，从1978年起，尽管中国的GDP增长率高于日本、美国，但由于日本、美国的起点高，其人均GDP实际增长却比中国多，中国与之相比，差距并不是在缩小，而是被拉大了。如果说30年来中国人的生活水平在不断提高，日本人、美国人的生活水平实际上提高得更多。如果再考虑环境的破坏、财富分配的公平性等问题，我们就更不能轻易乐观了。

中国是人口大国，巨大的数字一旦以人口为分母，就显得无足称道。从历史上看，同样按照麦迪森的估算，1820年中国的GDP占全世界的32.9%，而日本只有3%，美国只有1.8%，欧洲（包括29个西欧国家和10个东欧国家）加起来也不过是24.9%，中国超过了他们的总和。但是，由于中国人口基数大，按1990年"国际元"标准计算的1820年人均GDP，中国为600元，日本为669元，而美国为1257元，欧洲为1090元。这意味着，虽然在明治维新以前，中国与日本的人均GDP仍然比较接近，但与欧洲、美国已慢慢拉开距离。

18世纪的中国是所谓的康乾盛世时期，尽管经济表面上看起来比较繁荣，但由于人口迅猛增长，研究认为这一时期人均GDP非但没有增长，反而是下降的：1740年，人均GDP大概是4两银子；到了1750年，降为3.8两；到1760年，降为3.6两；1770年，降为3.5两；1820年，则只有3.4两。

18世纪中国人口的迅猛增长，不仅造成了人均GDP的下降，也造成了许多社会问题，比如说环境的破坏。由于人口增长，原有的土地不够使用，开发新土地势所必然。而开发新土地，填湖造田会挤占水道，导致防洪抗灾的能力下降；开发山地，则会破坏森林、植被，导致水土流失，为泥石流之类的灾害发生留下隐患。

土地容纳的合理人口有限度，当人口增长过快时，人地矛盾将会转化成人与人的矛盾。以广西为例，清代前期，广西人口稀少，18世纪则迅猛增长，社会冲突也随之愈演愈烈，最终演变成太平天国运动。清初，广西人口大概不到100万。到1749年，人口增长到近369万。到了1819年，则增长到741万多人。在1850年太平天国运动爆发前夕，则达到782万多人。虽然土地也开发了不少，纳税土地从清初的521万余亩，到道光年间增加到约900万亩，但人均土地已降到了耕作不足以糊口的水平。

这就不难理解，广西已经难以容纳那么多的人口，加上土地分布不均，移民已难以找到土地，而国家方面并没有解决的办法，社会矛盾的蓄积总会到达爆发状态，农民起义只是迟早的事。

因此，1820年中国的GDP虽然骄人，大清帝国却难说强大，其内部是社会危机不断酝酿和加深，外部是英国的威胁日渐严重，内忧外患都已深重。如果历史经验可供借鉴，那么，结论显而易见，那就是GDP虽然是衡量一国实力的重要指标，但社会发展的关键却并不在此，而在解决人与自然、人与人的矛盾，让自然环境变得更加适合人类生存，让人和人的关系更加和谐。

中国现行个税难促公平

个税的历史与现实

2011年4月25日，《中华人民共和国个人所得税法修正案（草案）》公布，并向社会公开征集意见。该草案中最受社会关注的是将工薪所得起征点由现行的2000元/月提高到3000元/月。围绕个税起征点，此前已有热烈的争议，焦点是免征额多少才能促进社会公平。

大部分人都认为，现行个税起征点过低，工薪阶层成为纳税主体，这不公平，所以应该上调个税起征点，不仅应该上调到3000元，甚至应该上调到5000元乃至8000元。但一些经济学专业人士则认为，进一步上调个税起征点，其结果是高收入者减税额会比低收入者更多，它只是令少数高收入者获益，低收入者受益则不大，在中国现在个税起征点已经和人均GDP持平的情况下，上调起征点容易扩大收入差距，并不能促进社会公平。

上述双方的意见可谓各有道理。看来，个税起征点是一个让人纠结的问题。个税自从诞生之日起，就与社会公平相纠缠。

个人所得税起源于筹措军费。世界上最早开征个人所得税的是英国，为了筹措对法战争的费用于1798年创设，次年开征，主要是向高收入者征收。除了征收个税，当时英国筹措军费的主要办法是发行国债。无论是向高收入者征收个税，还是发行国债，都是比向全社会摊派战争费用更公平的办法。但开征个税在当时只是临时举措，1802年随着战争结束个税也被废止。以后时兴时废，到1874年才稳定下来。在最近的二三十年中，英国个税占税收总额在40%光景，是第一大税。

美国征收个人所得税始于南北战争期间。1861年，南北战争爆发，为了筹集战争经费，美国联邦政府经国会批准对年所得800美元以上的开征3%的个人所得税。次年修改。1872年，个税被废止。1894年重新开征，但次年又被废止。1913年通过的新个人所得税法，起征点高，每271个人中只有一人能够达到起征点。1943年对税率作了调整，纳税人数量大大增加。经1954年和1986年两次改革，美国的个人所得税法已相当完善，其主要特点是实行综合所得税制、考虑家庭成员等因素、有很多抵免项目。目前，个人所得税是美国两大税种之一。近十多年来，个税占美国联邦政府总收入通常在50%以上。

“二战”以后，世界各国普遍开征个人所得税。

中国试行个人所得税始于清末，清政府曾草拟《所得税章程》，内含个人所得税内容，不过当时未能实行。民国初期，也曾制定个税实施细则和征收办法，但也未能推行。1936年以后，个税得以实行。解放初期，曾征收利息所得税，1959年停征。1980年，全国人大颁布《中华人民共和国个人所得税法》。当时起征点高达月收入800元，很少有人达到征收标准，所得税收微不足道。

但自1994年税制改革以后，个人所得税在我国税制中的地位越来越重要，个税在我国税收总量中的比重越来越高。1990年，个税总额仅为21.1亿元，1995年升至131.3亿元，至2000年达659.6亿元，2010年则为4837.2亿元。个税占税收总额的比例，在这些年份中也从约0.7%，升至约2.2%，至约5.2%，2010年为6.6%。目前，个税在我国的几大税种中，排在国内增值税、企业所得税、进口税、营业税、国内消费税的后面，列在第六位。

个人所得税在世界上普遍被视为良税，因为它具有调节个人收入、缩小贫富差距、维持社会公平的功能。但是按照中国现行的个人所得税法及实施情况，这样的目标很难达到。

现行个税难以担负人们对公平的期待

个税实行累进制，所得越高征税越多，有“劫富济贫”之功能，普遍被认为能够抑制贫富悬殊、均平社会财富。中国贫富分化严重，基尼系数接近0.5，早已超过警戒线；最高收入10%人群与最低收入10%人群的收入差距从1988年的7.3倍上升至2007年的23倍，贫富差距正在逼近社会容忍“红线”。中国民众要求公平分配社会财富的呼声越来越高，假如个人所得税能够发挥其均平社会财富之功能，那无疑是值得期待的。

但是，中国现行个人所得税法实际上无法担负人们这样的期待。

首先，是因为中国现行个人所得税总额仍然偏低，很难发挥调节财富的功效。2010年，个人所得税收入为4837.17亿元，占全国税收收入的6.6%。尽管已被列为排第六位的主要税种，但与排在前五位的税种——国内增值税、企业所得税、进口税、营业税、国内消费税相比仍有距离。像收入最高的国内增值税，实现收入21091.95亿元，占税收总收入的比重高达29%；企业所得税实现收入12842.79亿元，占税收总收入的比重达17.5%。与之相比，个人所得税尽管20年来发展势头甚猛，但就现阶段而言，规模仍显太小，对调节财富的效用有限。在西方发达国家，个税通常是第一大税，个税常常占到税收总额的40%甚至50%以上，如2001年美国联邦政府所收个人所得税达11782亿美元，占当年联邦政府总收入约21447亿的将近55%。中国与西方发达国家的这种税制差别，使得通常在西方国家能够起到调节社会财富作用的个人所得税，在中国由于国情不同而难起相同的作用。

就本次个人所得税法修正来说，经测算，与2010年相比，提高工资薪金所得减除费用标准，约减少个人所得税收入990亿元，调整工薪所得税率级次级距，减收约100亿元，调整生产经营所得税率级距，减收约110亿元，合计全年约减少财政收入1200亿元。国家财政少收1200亿元，算是对民众的很大让步，但这区区1200亿元对中国社会严重的贫富分化又能起到多大的作用呢？

中国现行个人所得税总额偏低，一个很重要的原因是由于许多非法收入、灰色收入未能纳入课税范畴，而非法收入、灰色收入恰恰是导致中国社会贫富分化的根本原因。

中国的腐败严重已经是众所周知的事实。国际学界通常以租金总额（寻租者愿意付出的贿赂金额即寻租成本的上限）来衡量一个国家的腐败程度，租金总额越高、与国民收入的比重或占GDP现价比重越高，腐败也就越严重。国内几位学者曾经根据寻租理论的国际学术权威——美国经济学家、曾任国际货币基金组织首席经济学家的A.克鲁格的估算模式，推算中国1988年、1995年和2004年的租金总额，结论是：1988年为4000多亿元，占国民收入的40%左右；1992年为6343.7亿元，占国民收入的32.3%；2004年约为46000亿元，占当年GDP现价比重的28%。如果与同年的国家财政收入（分别为2357亿元、6242亿元、26396亿元）相比，则租金总额高达国家财政收入的1—1.7倍。

而据中国经济体制改革研究会灰色收入课题研究报告，中国在2005年的城镇居民可支配收入中，有4.8万亿元没有反映在居民收入统计数据中的隐性收入，主要发生在高收入阶层。这些隐性收入的大部分被认为属于“灰色收入”。

非法收入和灰色收入早已成为一股汹涌的财富暗流，使中国各种经济现象变得扑朔迷离，难以用经典经济学理论解释。中国的高收入人群依靠的往往不是合法收入，而是非法收入、灰色收入，但由于财富无法透明，对非法收入、灰色收入难以课税。此外，富有者偷逃个税现象也是众所周知的，即便被查出也常常不过是补缴税款。由于这些原因的存在，个人所得税45%的最高边际税率难以发挥有效作用，个税总额因此也就偏低。

财政部公布的数据称，2008年，个人年所得12万元以上纳税人自行申报人数为240万人，约占全国个人所得税纳税人数的3%，其缴纳的税额为1294亿元，占全国个人所得税总收入的35%。相较而言，中低收入的工薪阶层所得有限且透明，应纳税款由单位代扣代缴，在起征点较低的情况下，工薪阶层反而成为纳税主体。这样的现实，显然与个税调节社会财富、促进社会公平的目标相距甚远。

在个人所得税如何保证社会公平问题上，一个获得普遍认同的税法原则是量能课税。所谓量能课税，指税收负担应该与纳税人的负担能力相一致。具体而言，即纳税能力相同者应缴纳相同的税，纳税能力不相同者应缴纳不同的税。从这个目标出发，4月25日公布的《个人所得税法修正案（草案）》遵循“高收入者多缴税，中等收入者少缴税，低收入者不纳税”的原则是值得肯定的，上调起征点也是符合量能纳税原则的。但是，1994年以来实施的个人所得税法本身就包含着不少有违量能课税的公平原则的地方，使得促进公平的效果大打折扣。

按照中国现行个人所得税法，超过起征点的所得适用无差别的征税标准，但是每个人由于家庭情况（如赡养家庭人口多寡、健康状况等）不同，实际上每个人的税负能力有可能相差很大。比如两个人每月的工薪收入都是3500元，其中A是单身汉，而B则上有老下有小，还有病人，两人家庭的差异使得其税负能力并不一样，但都按照统一的标准纳税，这实际上是有违量能课税原则的。如果按照家庭情况分别适用不同的标准，那就更有可能体现量能课税原则，这正是美国等个税完善国家普遍采用以家庭为单位纳税的原因。

中国现行个人所得税法实行分类所得税制，将所得依其来源分类，对不同类别的所得适用不同的税率分别计税。这种税制有其优点，但缺点也很明显。比如两个人干同样的活，所得都是5000元，A是单位员工，个税按工资、薪金项目征税，根据修正后的税制，其应纳税额为1500×5%+500×10%＝125（元）；而B不是单位正式员工，个税按劳务报酬征税，其应纳税额则是5000×（1-20%）×20%＝800（元）。两者相差很大，对于非单位员工B来说非常不公平，特别是在B的家庭负担比A重的情况下尤为不公，可以说完全不符量能课税的原则。

分类所得税制的优点本来体现在按不同性质所得，分别采用不同的税率，实行差别对待，通常对劳务性所得征税轻而对投资等项目所得征税重。但中国现行个人所得税制有时并不能体现这一点，甚至完全相反。举例说，某人买彩票中奖获奖金100万元，其所得适用20%的比例税率，应纳税额为20万元；而另一个是工薪纳税人，同样是100万元，按照个税修正方案，其超过8万元的所得将适用45%的最高边际税率，应纳总税额超过43万元。由此可知，工薪的勤劳所得之税负反而远高于彩票中奖这样的非勤劳所得之税负，因而它实际上是不公平的。

由于分类所得税制有上述等缺陷，故目前世界上大多数国家实行综合所得税制，以避免上述不公现象。

综合而言，中国现行个人所得税法本身缺陷不少，再加上贪腐严重等特定“国情”，使得个税调节社会财富、促进社会公平的目标很难实现。

由于中国社会公平稀缺，民众对公平特别渴望，因此在涉及社会公平的问题上往往倾注热情，表现为民意汹涌。在个人所得税法的调整问题上，多年来公众一直关心起征点的问题，要求调高起征点的呼声很高。

起征点的上调值得肯定，但对促进社会公平的作用有限，公众对此的热情显得付出多于获得。中国社会的公平问题显然不可能通过对个人所得税法的技术修改得以实现，尽管我们对任何促进社会公平的微小进步都保持尊敬。要更好地促进公平，让财政支出更多地用在社会保障、教育、医疗等民生领域，使民众“三险一金”的负担降低一些，都可能收到比上调个税起征点更好的效果。此外，扼制腐败，让民众追求财富的机会更均等，或许比修正个人所得税法更重要。

分配财富比创造财富更重要

1492年8月3日，哥伦布率领90名船员，乘坐“圣玛利亚”号等3条帆船，从西班牙帕洛斯港出发，往西航行。10月12日凌晨2点，他们看到了陆地。当日，他们登上那个被他们取名为“圣萨尔瓦多”的小岛（现华特林岛，属巴哈马群岛）。这就是日后震惊世界的发现美洲新大陆的光荣之旅。

哥伦布的发现使人类开始进入全球化时代，世界各民族都被卷入其中，中国也不能例外。

西班牙人到美洲之后发现并大量开发金银矿，以西班牙“比索”为单位的银币开始流布全世界。据估算，从16世纪40年代开始的百年间，美洲生产的白银有六七亿两，这些白银大约有1/3—1/2流到了中国。同时期世界白银的另一生产中心日本所产白银也大量流向中国。粗略估算，这一时期（中国晚明时期）流向中国的白银应该在3亿两左右，平均下来，每年流向中国的白银有三四百万两。如此之多的白银流向中国，中国社会的诸多方面不能不深受其影响，如明代万历年间实行的“一条鞭法”这样的税收货币化改革据信就与白银存量大增有关。

美洲白银流向中国是通过贸易，即“银丝交易”——用美洲的白银交换中国的生丝而实现的。生丝主要产于江浙，而主持外贸的是商人。按照常理推论，生丝的外贸出口应该带动江浙地区的经济腾飞，由外贸出口带来的巨额白银应该到了从事外贸出口活动的商人手里，由此江浙地区理应涌现一大批“资本家”才是。但是，我们在历史上却看不到这样的典型例子。那么，巨额白银到底到了谁的手上了呢?

明代嘉靖年间（1522—1566）的严世藩，曾经纵论当时财富在百万两银子以上的富豪，榜上有名的17家中，除了“山西三姓、徽州二姓”可能是指晋商、徽商（他们因食盐垄断经营而发家）之外，其余的不是太监，就是高官，他们都是因权力而占有财富。嘉靖时期如此，嘉靖之后并没有改变。明代的社会财富分配，始终是太监和高官，如刘瑾、严世蕃之流占大头。换句话说，是权力支配社会财富，而不是市场支配社会财富。晚明的江浙商人通过对外贸易为中国赚来大批白银，但是这些银子未必能留在他们自己手上。

刘瑾、严世蕃之流利用手中的权力占有巨大的社会财富，大明帝国的整个官场上下一体，社会财富集中到他们手上。据估计，明末文官为24683人。假如每个人一年的灰色收入为100两银子，那么他们一年所得就是2468300两。当然他们一年的实际所得肯定不止100两，而官场也远远不止文官系统的24683人。由此可知，每年从美洲、日本流入的区区三四百万两银子，还不够官场消化。

明代亡国之前，由于没钱组织军队镇压农民起义及抵御清军进攻，崇祯皇帝曾经向皇亲国戚、太监、大臣强行“捐银”，但是这些人个个哭穷，在政治高压之下，最多也就认捐一二万两银子，如公认为巨富的皇后父亲周奎和退休司礼监太监王之心都只肯认捐一万两。而到了李自成的军队进了京城之后，周皇后父亲家中被搜出白银53万两，王之心家被搜出白银15万两。可见他们并非没钱，这些钱都藏在他们家里的夹墙和地窖之中，只有在特殊情况下才暴露于阳光之下。

美国学者弗兰克在他震动国际学界的著作《白银资本》中认为，晚明时期白银流入中国刺激了中国经济的扩张，“中国和其他地方一样，新增的货币造成了有效需求的增长，刺激了生产和消费的增长”，“自16世纪中期起，白银注入中国经济所造成的经济扩张更为壮观”。弗兰克按照经济学的一般理论，认为货币存量增加“造成了有效需求的增长，刺激了生产和消费的增长”。但是，中国有特殊的“国情”，有许多和“其他地方”不一样的地方，所以适于解释“其他地方”如英国、美国的经济理论在中国未必适用。白银流入中国，“新增的货币”未必就能造成“有效需求的增长”，未必能够“刺激生产和消费的增长”。原因在于，这些“新增的货币”没有多少进入流通和生产领域，发挥其刺激生产和消费的功用，而是进入了权贵们私人宅邸的夹墙和地窖，成为不能推动经济发展的死的财富。于是，我们从历史中看到的情形与弗兰克的推论不同，晚明以来的中国经济虽有发展，但经济结构并没有质的改变，所谓的经济扩张也远远没有像弗兰克所说的那样“壮观”。

中国历史上的社会财富分配不由市场，而由“超经济强力”来完成。晚明以来巨额白银流入中国，在分配上并不能由工商业阶层所掌握，而是被权贵们所占有。权贵们掌握财富之后，并不把财富用于发展工商业所需要的“资本”，财富再多也不能发挥作用。另一方面，则是民间发展工商业缺乏“资本”支持。

由此就产生了一个问题：社会财富应该由谁来掌握才能推动经济的发展？

历史事实证明，财富只有放到那些对通过发展工商业而赚钱有强烈兴趣的人的手中，才能成为推动生产、创造就业的经济发展的“资本”，才能对经济发展、国民财富增加起到实质性的推动作用。这个规律不仅适用于中国，同时也适用于西方。

众所周知，美洲金银是西班牙人开发的，16世纪时西班牙因为占有这些财富而号称强盛，但这种强盛并没有保持多久，进入17世纪之后很快被荷兰和英国所取代。这里面的原因就在于，美洲金银到了西班牙之后并没有成为推动工商业发展的“资本”，因为这些财富由西班牙的权贵——旧贵族们所掌握，他们没有兴趣也不知道怎样用这些钱去发展工商业，所以很快这些财富就流到了荷兰人和英国人手上，而荷兰人和英国人掌握这些财富的恰恰是所谓的“资本家”，所以这些白银到了荷兰和英国之后就成了推动其经济发展的“白银资本”。

由此可知，社会财富的分配，关系国家的前途和命运。如果社会财富分配不能有利于具有“生产性”功能，亦即使财富成为经济发展的“资本”的人掌握，那么经济的健康发展和长期繁荣恐怕是没有保证的。这也说明另一个问题：社会财富的创造固然重要，但财富的分配可能更重要。

“权利贫困”才是最大的贫困

2009年对中国来说是不平静的一年，公共事件频发，社会争议颇多。其中折射出当下怎样的社会现实？一言以蔽之，乃民众的“权利贫困”。

“蜗居”、“蚁族”、“国进民退”何以成为焦点？

公共事件多是由对公权力的质疑引发的。对公权力的质疑，反映了社会情绪的焦虑，这种焦虑，本质上是民众的“权利贫困”。

引发社会争议的话题，如高房价和“地王”、“蜗居”、“蚁族”、“国进民退”等，实质也是出于民众的焦虑——对经济权利受到制度化侵蚀、生活更趋贫困化的不满，而这种焦虑情绪的产生，多半也是由“权利贫困”造成的。

以房价言之，高涨的房价，超出了绝大部分普通人的消费能力，这已是公认的事实。那么，高房价到底是什么原因造成的呢？众所周知，政府炒地是关键。获取土地出让金和拆迁补偿差价，已经成为地方政府的行为偏好。全国土地出让金2007年近1.3万亿元；2008年9600多亿元；2009年更高达1.5万亿元，天价“地王”频出，超过了“疯狂”的2007年的水平；2010年则为2.9万亿元。地方政府从卖地中获利巨大，土地出让金已是地方财政的支柱。地方官员为了GDP和政绩而希望房价上涨，房地产商（其中拿天价“地王”的大多是国企，特别是央企）则推波助澜，加之房贷政策宽松，大量游资涌入，所以房地产泡沫越撑越高，被《福布斯》评为七大近在眼前的金融泡沫的第二位。这个泡沫何时破裂不得而知，但日本、迪拜房地产泡沫都是前车之鉴，似乎没有理由证明中国能超越世界经济规律。

对高房价之下的普通老百姓来说，一方面是“暴力拆迁”不断上演，另一方面则是城市白领为了一个“蜗居”而放弃个人尊严。在艺术上没有多大价值的电视剧《蜗居》，就因为人们普遍关心房子问题而一炮走红，成为热议话题。“暴力拆迁”和“蜗居”如同一枚硬币的两面，反映中国平民的经济权利受到制度化力量的剥夺、侵蚀。

与“蜗居”相应的一个词则是“蚁族”。人们原来只知道民工生存的艰辛，却不知道还有一个同样艰辛的群体：“大学毕业生低收入聚居群体”。据一份调查，仅北京保守估计就有10万以上的“蚁族”。此外，上海、武汉、广州、西安等城市也都大规模存在这一群体。他们的特点，据说与蚂蚁很相似：高智、弱小、群居。他们是大学毕业生，却因收入低而只能在城乡接合部聚居。曾被认为是天之骄子的他们，生存境况可能仅比民工好一点，知识并没有改变他们的命运。

“蚁族”的存在让人们明白，大学生其实和民工一样是弱势群体。不仅仅是大学生和民工，在权利没有保障的情况下，所有普通人都是弱势群体。

北京律师在重庆打黑风暴中一不小心成了阶下囚。强势的律师在更强大的权力面前也只能是弱势群体，这与因拥有财富而在平民眼中属于强势人群的民营企业家在国家权力面前属于弱势群体一样，可谓殊途同归。一度风光无限的私人煤矿老板，在2009年则受到了严厉狙击。“国进民退”，不只存在于山西煤矿。

尽管有关官员表示普查数据从总体上不支持存在“国进民退”现象，但无论是人们的现实感受还是大部分经济学家的理论研究，都同意这一现象近年来确已“回潮”。民众和理论界对“国进民退”的关注和担忧，是对中国经济能否健康发展的担忧，是对民营企业、非公有制经济在竞争中遭遇非国民待遇的不满。美国耶鲁大学教授陈志武先生是对“国进民退”持强烈反对意见的经济学家，他在多篇文章中指出国有企业的独大威胁法治精神，破坏规则的公平性，不利于中国的长远发展。

与“国进民退”相伴的是国企利润的增长。本来国企改革是个老大难问题，国企利润的增长意味着改革“卓有成效”，但是公众对此并未感到高兴。有关官员不无委屈地表示，为什么国企搞好搞不好都挨骂？他们的困惑，是因为没有搞清楚国企利润的增长是靠什么实现的。让老百姓不满意的是，国企利润增长是靠加强垄断、靠不交租金、靠截留本应缴给全国人民的利润来实现的。国有垄断企业的奢侈浪费（如中石化总部大楼的一盏吊灯，被爆价值1200万元，后承认花费156万元；中石化前董事长陈同海每天要花掉4万元）以及其职工的高工资、高福利，是建立在消费者福利损失的基础之上的。

“被时代”：民众对“权利贫困”不满的表达

中国民众在很多事情上都有强烈的福利受损感和社会不公平感。这种感觉的实质，是民众的“权利贫困”。诺贝尔经济学奖获得者阿玛蒂亚·森认为，贫困的根源，乃是权利的缺失。

在“权利贫困”得不到纾解的现实之下，民众对官方的不信任感和对立情绪也与日俱增。这一方面表现为近年来突增的大规模群体性事件，另一方面也表现为所谓“被时代”这一新词语上。民众用“被自杀”来表示对一些被官方定性为自杀但疑点重重的死亡案件的质疑，用“被就业”来表示对官方公布的就业率的质疑，用“被增长”来表示对官方公布的平均工资水平的质疑，用“被代表”来表示对价格听证的程序透明和代表身份的质疑……“被”的广泛流行和使用，使它成为媒体眼中的“2009年度关键词”。这从一个侧面表明，民众正用一种嘲讽的方式表达自己的无奈和不信任。这种不信任，说到底是公权力过于强大和被滥用，且无视民众权利的结果。

“被时代”体现了民众对“权利贫困”的不满，也在一定程度上表现出民众权利意识的集体觉醒。这种觉醒，是中国民众在“被动性”命运之下的理性抗争，有利于公民社会的成长和建设。尽管2009年引起争议的“不高兴”话语表明了褊狭、非理性的社会观念在中国仍有不小的市场，但中国民众在近年来众多公共事件中的表现，仍然让我们有理由相信他们渐趋理性和成熟。

理性的网民、负责任的媒体人、有良知的学者，一起用自己的声音推动中国社会向健康的方向发展。

中国还能像过去30年一样保持繁荣吗？

让人忧虑的是，由于“权利贫困”，改革共识正逐渐失去。

改革30年来，民众对改革所持的心态与自身权利紧密联系。改革前10年，民众的财富增长快于政府收入和企业利润的增长，民众从改革中扩展了自己的权利，因而对改革比较满意。而最近十几年的情况似乎有点颠倒，民众的财富增长慢于政府收入和企业利润的增长，一些民众没有感觉到改革使自己得益，生存状况似乎在恶化，因而对改革逐渐失去信心，改革共识正在逐渐失去。

在改革共识逐渐失去的同时，却有许多人在论证“中国模式”。若只看到成就而看不到问题，未免短视。中国现有的改革模式还有多少潜力可挖？以环境污染、劳工低薪酬低福利等高昂代价取得的经济增长，一直是由民众承受一系列恶果。2009年仅“血铅事件”就发生了多起。低薪酬、低福利的一个后果，是导致消费能力不足。中国的居民消费率，1952年为69%，1978年下滑到45%，到了2008年则缩至35.3%。而2008年，美国的居民消费率为70.1%，印度为54.7%。世界上不管发达国家还是发展中国家，居民消费占GDP的比重一般都在50%以上，只有中国低到35%这样的水平。由于居民消费能力不足，尽管从国家领导人到普通学者都在呼吁促进消费，但内需还是难以拉动，中国经济发展模式转型面临困难。

内需不足显然是“权利贫困”的结果。分配的不公，加上住房、医疗、教育等方面的支出增加，迫使居民将有限的钱存入银行以应不时之需，导致无力消费。在这样的发展下，未来30年，中国还能像过去30年一样保持繁荣吗？如果不解决“权利贫困”的问题，中国的繁荣和稳定还能持久吗？回答这些问题，远比总结过去的成就更为重要，也更为紧迫。

自由和幸福是所有人共同追求的目标，社会的文明和进步通过个人自由和幸福体现出来。但自由和幸福过于抽象，难以衡量，比较具体、可量的是个人权利。人类历史的经验表明，一个社会向好的方向发展，其核心标志是民众逐步摆脱“权利贫困”，个人权利不断得到扩展和保护。反观近几年的中国社会现实，难道我们不该反思些什么吗？

为了人民的福祉，也为了国运的昌隆，中国的改革需要从解决“权利贫困”着手，切切实实地提高民众的权利，让人们对社会良性发展保持信心，让人们对未来的美好保有信念。

从鲁迅祖父行贿看社会公平

《资治通鉴》在唐穆宗长庆元年（821年）这一年的纪事中留下一句话：“所取进士皆子弟无艺，以关节得之。”从这句话可以知道，通关节、走后门作为中国的传统具有多么悠久的历史。通关节不是好事情，属于“负面报道”，但这种“负面报道”有时也会牵连正面人物。比如鲁迅先生，他的人生中具有决定意义的一件事，就是和通关节相连的：如果不是鲁迅祖父周福清通关节败露，致使周家“从小康陷入困顿”，那个叫“周树人”的绍兴男孩会不会成为“鲁迅”这个中国20世纪的文化巨人就难说了。

周福清通关节案发生在光绪十九年（1893年）。该年正月初一，皇帝发布了一道圣旨：为了迎接次年慈禧太后的六十大寿，将开“恩科”，即在通常三年一次的进士考试之外加恩开考一次。这对全国读书人是个喜讯，因为多了一次考中的机会。会试之前的恩科乡试，在本年八月举行。当时周福清正在北京当官，他的母亲于圣旨发布的前一天去世。回乡办完丧事后的五月份，各省乡试的主考官名单发布，周福清发现浙江主考官竟是与自己同年考中进士的殷如璋。那时候的“同年”，类似现在的大学或研究生同学，是一个很有用的人脉。

恰好该年鲁迅的父亲周用吉要参加浙江乡试，考举人。周家的亲友中也有好几家要参试。于是，亲友们想到让周福清出面找殷如璋通关节，帮助录取。商定的办法是五家各出两千银元，共一万银元。周福清考虑到可以自己不出钱而顺带把儿子捎上，就同意了。考虑到殷如璋进入浙江后做事不密，所以，他决定在其从北京南下途中，以同年的名义去“投帖拜会”，把事办了。于是，他向陈姓亲戚借用了一个仆人陶阿顺，于七月二十五日赶到苏州守候。两天后，殷如璋的官船抵达苏州。周福清便叫陶阿顺带了信件求见，信中告知了通关节所用的暗号，并在另一张纸条上写明“洋银一万元”，暗示事成之后的好处费。当时殷如璋正在与人谈话，陶阿顺久等没有回音，于是就嚷了起来：

“信里有钱呢，怎么不给收条？”这一嚷就坏事了，因为殷不能不考虑在座的那个人会否向皇帝告发，于是事情败露，成为清代众多的科举贿赂案件之一。

清代对在科举中通关节的人处罚极重，行贿受贿双方通常都要处以死刑。比如咸丰八年（1858年）顺天（现北京）乡试通关节案，主考官、内阁大学士兼军机大臣柏葰连同涉案的几个人全部处斩。周福清案案发后，尽管各级办案人员找出种种理由争取轻判，但光绪皇帝却认为“科场舞弊，例禁綦严”，周福清应判处“斩监候，秋后处决，以肃法纪，而儆效尤”。

在国家方面，一再强调严肃打击通关节等舞弊行为，但在官场内部，却有另一种态度。周福清受审时，不认为自己的行为有多严重，却在公堂上“历陈某科某人，都通关节中了举人，这并不算什么事，他不过是照样的来一下罢了”。可见在周福清的观念里，这种事他见得多了，大家都这样干，并不是什么稀奇事，人家都没被处理，凭什么我被处理？周福清的这番话很快就传播开去，远在北京的很多人都知道了，十一月初七日御史林绍年在奏折中说：“窃维近来考事，风气卑坏，弊窦丛生，外间所传，令人骇怪。风闻浙江一案，周福清所供，交通关节者已不止一科，京闱乡会试舞弊幸中者，更指不胜屈，毫无顾忌，一至于此，良可慨矣。”

从这些议论可以看出，官场中通关节是习以为常的，大家都不当回事，国家法令虽严，实际上并不怎么起作用。国家法令严禁“通关节”等破坏公平的行为，体现了公平的社会价值，但是公平很难真正实现。

“通关节”的关键，是考官的“衡文”权力。科举考试考的是写文章的水平，品评、衡量文章的高下，这叫“衡文”。朝廷赋予主考官权力，就是赋予其“衡文”的权力。由于“衡文”是主观的，如果主考官想把水平不高的文章定为优良，那完全是在他权力之内的，所以“衡文”权有很大的自由裁量空间。“通关节”，实质就是对“衡文”权的赎买。赎买的方式，则是“贵者托以势，富者托以财，亲故者托以情”，由每个人根据自己的社会资源来决定。

社会资源中，最重要的人脉，包括因血缘（亲友）、地缘（同乡）、业缘（同学、同事、战友）等建立起来的“关系”。在“关系”面前，法律是虚的，公平是因人而异的。中国人习惯于利用各种“关系”去争取“公平”和“超公平”。出于对这种社会现实的心领神会，中国人特别注意建立广泛的人际关系网络，这成为大家心知肚明的生存智慧。

社会不公是危险品

唐僖宗中和四年（884年）十二月，在一个名为高鸡泊的地方，数百强盗抢劫了一个三百多人的车队，除了漂亮女人，其余人统统杀掉。这不是一帮普通的强盗，普通的强盗只为劫财，不会这么滥杀无辜。实际上，他们是军人，是魏博节度使乐彦祯之子乐从训派出的。而被杀者也不是普通人，而是去就任义昌节度使并兼中书令（即宰相）的王铎。

乐从训为什么要派人劫杀王铎？一个说法是王铎生活豪奢，“行李甚侈”，“侍妾成列”，特别是漂亮女人多，引起了乐从训的眼红，乐从训此举劫色加劫财，一举两得。当然，事情没有那么简单。王铎是当朝的大人物，“位望崇显”，而且忠于朝廷，是中央朝廷的台柱子之一，乐从训居然敢劫杀王铎，此举未免太猖狂，完全不把朝廷放在眼里了。事实上，事件发生后，乐氏父子给朝廷递了一份轻描淡写的报告，说：“得贝州报，某日杀劫一人，姓王名令公。”朝廷对此竟然一点办法都没有，《新唐书·王铎传》对此评论道：“朝廷微弱，不能治其冤，天下痛之。”

然而事情还有比之更复杂的。乐从训劫杀王铎之前有过密谋，其中一个人的意见起了主导作用。这个人名叫李山甫，是乐氏父子的谋士。李山甫与王铎有什么深仇大恨，竟然怂恿乐从训劫杀王铎及全家呢？

最可能的原因是，王铎当进士考试主考官的时候，李山甫参加考试没有被录取，因此怀恨在心。明代胡震亨在《唐音癸签》中评论此事说：“乐帅子高鸡泊杀王铎一事，李山甫导之也。史言山甫数举进士被黜，怨中朝大臣，故有此举。”王铎是咸通五年（864年）的进士考试主考官，当年25个人上榜，李山甫却没有考上，在李山甫看来，那些考上的人才华不如自己，所以他在心中认为王铎没有完全出以公心，心中埋下了怨恨的种子。

胡震亨说李山甫“求名不遂，满腔怨毒”。如果进士考试的录取是完全公平的，李山甫的这种心态只能说明他心胸狭隘，是个小人。然而李山甫“诗文激切，耿耿有齐气，多感时怀古之作”，似乎不是那种阴险狠毒的小人。而且李山甫才华突出，被称为“落魄有不羁才”，“诗名冠于当代”。晚唐著名诗评家司空图评论李山甫说：“芙蓉骚客空留怨，芍药诗家只寄情。谁似天才李山甫，牡丹属思亦纵横。”可见他对李山甫的诗才是极为赞赏的。在晚唐，李山甫可以算是杰出诗人之一，虽然他的名声已被历史湮没了。

如此才华的李山甫，却“数举进士被黜”，考进士多次也没有成功，后来只好投奔乐氏父子做幕僚，当谋士，这就不能简单地说他“满腔怨毒”是自己没有调整好心态了。其挫折，不能不说与社会不公有关。因为时至晚唐，政治腐败，进士考试越来越不公平，被录取者多为权贵子弟，才华突出的贫寒知识分子没有了进入中央朝廷任职的机会，个人价值的实现越来越困难，导致“满腔怨毒”、发泄怨气的心态越来越普遍。像李山甫这样“怨中朝大臣”，“多怨朝廷之执政”，“尤私愤于中朝贵达”而想报复的在晚唐不在少数，著名者如李振、张策等，晚唐著名诗人罗隐、杜荀鹤等也都有这种心态，可见它是一种集体心态，不是简单的个人心胸问题。

李振是篡唐的朱温的谋士，因为“累应进士举不第”，“尤愤朝贵”。后来他有了一个报复的机会，他让朱温把一帮进士出身的人投入黄河，说是“此辈常自谓清流，宜投之黄河，使为浊流”，朱温笑着照办。

张策曾经出家为僧，后来还俗应考，尽管这并不违反当时的政策，但主考官赵崇对此非常反感，公开说“某十度知举，十度斥之”，就是说只要自己当主考，张策就别想考上。张策受此打压，自然心怀怨恨，伺机报复，后来他有了机会，已经退休的赵崇遭受灭顶之灾。

罗隐“诗名于天下，尤长于咏史，然多所讥讽，以故不中第”，即罗隐才华横溢，但看不惯社会不公，对现政权“多所讥讽”，于是被主流忌恨，屡考不中（据说考了十次），这使罗隐产生了“怨望”的情绪，在放弃考进士的同时，“深怨唐室”的心态也在内心中潜伏下来。罗隐后来投奔钱镠，得到重用，为钱镠割据东南作了不少贡献。

晚唐五代的许多知识分子，和李山甫、李振、张策等怀有相似的心态，即因权贵当道，科举不公，个人价值无法实现，于是他们心怀怨恨，一方面他们找机会报复，一方面转而支持武人割据，对抗中央。他们的这种行为危害已经很大了，但绝不是最极端的。最极端的，是黄巢，他因“屡举进士不第”，有了“冲天香阵透长安，满城尽带黄金甲”的杀意，而且付诸实施，起兵反唐，攻入长安后，又大开杀戒，屠杀了大批权贵，史称黄巢的起义军“尤憎官吏，得者皆杀之”，“捕得官吏悉斩之，……宗室侯王者，屠之无类矣”。

中国历史上从隋唐到明清的历代科举，录取率少的不过百分之一二，多的也不过百分之六七，百分之九十几的人是不能被录取的，不被录取本来是正常的。但是，要使这种“正常”成为正常，而不引发社会心态的失衡，就必须保证科举的绝对公正。在王朝鼎盛时，政治比较开明，相对来说还能保证公正，失败者还不会完全把责任推到社会不公上面，问题还不是很大。一旦进入王朝的中晚期，政治腐败必然带来社会不公，有才华者受挫增多，这时候怨恨和报复等非理性情绪就滋长起来，并逐渐成为一种社会心态。

不公是一种危险品，它容易让人心态失衡。心态失衡之后，就不再遵循公认的道德底线，比如不能行凶杀人，杀人不能株连无辜，等等。这种心态失衡的现象是普遍的，不仅在文化层次较低的人身上存在着，而且在文化层次较高的人身上也同样存在着。要化解这种非理性的社会心态，从根本上说，社会必须公平，至少必须有实现公平的合法渠道，否则，那种怨恨和报复的非理性心态就难以消除，而且还会越来越严重。

海瑞惩治“官二代”是真是假

《明史》中记述了一件海瑞惩治“官二代”的事：海瑞在浙江淳安当县令时，总督胡宗宪的儿子经过淳安，怪驿站招待得不够好，将工作人员吊了起来。海瑞说，胡总督以前有过指示，要求招待不得铺张，现在这个人行李这么多，肯定不是胡总督的公子。于是，没收了其行囊中的数千两银子，并派人报告胡宗宪，说有人冒充他的公子，请示如何发落。胡宗宪吃了个哑巴亏，没法怪罪海瑞。

在这个故事中，海瑞智惩“官二代”，大快人心。《明史》是正史，按理也可以相信，所以许多写海瑞的文章喜欢提这件事，将之作为海瑞不畏权贵的典型例子看待。不过，这却不一定是历史上的真事，原因是，淳安并没有驿站，因此也就不应该有“淳安驿站事件”。

中国古代的驿站设在交通要道上。明代全国共有1040个驿站，每个驿站都有名字。从浙江杭州到安徽徽州，从杭州城内的“武林驿”出发，出城南10里有“浙江驿”，再往西南方向100里到富阳县的“会江驿”，再南行95里到桐庐县的“桐江驿”，再行75里至建德县的“富春驿”。建德县往西150里是淳安县，但驿站没往这个方向延伸，因为它偏离了主道。

由于交通不便，淳安当时只有传递公文的铺舍，而没有招待公差的驿站。这一点，在海瑞撰写的公文中说得很清楚：“查得自建德县至歙铺舍，只是传递公文，原无使客往返。是以夜无公馆可栖宿，日午无中火铺。”

由于淳安没驿站，《明史》中记载的“淳安驿站事件”应该不存在。《明史》是清代人纂修的，它依据的是明代人关于海瑞的记述，而在明代人记述中，对“淳安驿站事件”的描述就不一致。

明代提供海瑞传记资料的人，最早的是海瑞的同乡、官至南京礼部尚书的王弘海，他曾在海瑞因《直言天下第一事疏》而被关到诏狱里后，不惧牵连到狱中看望。但是，王弘海撰写的《海忠介公传》没提这件事。

与海瑞有过书信往来的海瑞侄女婿梁云龙，在其所撰的《海忠介公行状》里面说到了这件事，但说的不是胡宗宪的儿子，而是鄢懋卿的儿子。

明末思想家李贽（卒于1602年）所写的《太子少保海忠介公传》倒是说到了胡宗宪，但说的不是胡的儿子，而是胡的家奴。

海瑞的同乡后学黄秉石写于天启四年（1624年）的《海忠介公传》中的说法，与李贽说法相近。同时，黄秉石说，他看到已有一些材料记载了“淳安驿站事件”，但自己曾在淳安所在的严州府做官，并专门就此事问了淳安的人，得到的信息是两个：一是“淳无驿也”，二是“问淳之人，亦绝不闻此”。

由此，黄秉石评论说，这件事与常情相悖，肯定不是真的，而是“天下之善归焉”，是人们为了颂扬海瑞而编造的故事。

黄秉石的评论自有道理，历史上人们为了颂扬一个人，经常会编造一些好事加在他身上，这很平常。不过，为什么编造这件事而不是编造那件事，这里面却反映出深刻的社会心理。就“淳安驿站事件”来说，它至少反映了社会上对“官二代”嚣张的不满，以及对惩治“官二代”的呼唤。而要惩治“官二代”，大概只有海瑞这种刚正不阿、不畏权贵的清官才能做到。从这个角度说，“淳安驿站事件”反映的不是真实的历史，而是真实的社会心理。

梁云龙的《海忠介公行状》描述鄢懋卿的儿子如何嚣张，比《明史》记载“淳安驿站事件”要生动得多：“维时都御史鄢氏，挟权相总制八省盐政，威焰赫甚，其子过淳安，索夫马不与，怒捉舆台，非理凌虐，甚至倒而悬之。”这件事与“淳安驿站事件”一样未必真实地发生过，但这类事在大明帝国却到处发生着，在生活中经常可见。

“官二代”之所以嚣张，是因为当权官员的权力因不受实质性约束而可以肆无忌惮，可以公权私用，可以妨碍司法公正。“官二代”耳濡目染，习以为常，因而喊出“我爸是胡宗宪”、“我爸是鄢懋卿”是潜意识的自然流露。

在这个背景下，社会心理对“官二代”的嚣张无法忍受，他们需要海瑞这样的清官实现他们心中的公正，使“官二代”受到惩治。但是，正如海瑞这样的清官的出现是低概率事件一样，“官二代”受到惩治可能也是低概率事件。

官吏吃谁的俸禄

从宋代开始，全国各地的官衙里面开始竖立一块石碑，上刻16个大字：“尔俸尔禄，民脂民膏。下民易虐，上天难欺。”

这块石碑，通常被称为“戒石铭”。那16个字，最早出自五代十国时期的后蜀国君孟昶之手，后被宋太宗赵光义颁行天下，以告诫各级官吏要奉公守法、善待民众。据说，凡新官上任，要举行一个庄重的拜碑仪式，大声颂读那16个字，有点宣誓的味道。

“戒石铭”中有意味的是前面的那八个字：尔俸尔禄，民脂民膏。其意思是说，你们领的俸禄，可都是老百姓的血汗啊！官吏的俸禄来自官方向老百姓征取的税收，税收是老百姓的血汗钱，所以官吏吃的是老百姓的俸禄。简言之，可称“食民禄”。这是不言自明的道理。既然是老百姓养活了官吏，那么官吏就应该为老百姓服务，这也是最简单不过的逻辑。然而，问题是，官吏们内心中是否真的认为自己吃的是老百姓的俸禄呢？有多少官吏在内心中认同“尔俸尔禄，民脂民膏”这句话呢？

事实上，恐怕并没有多少官吏真的认为自己吃的是老百姓的俸禄，因为自古以来，官位都是皇帝赐予的，官吏们一向认为自己吃的是皇上的俸禄，即所谓“食君禄”。既然是食君禄，就应该忠诚于皇上，这才是要奉行的道理。

由此可知，在官吏吃谁的俸禄这个问题上，中国古代实际上有两套逻辑：“食民禄”和“食君禄”。官吏们要以哪套逻辑为准呢？显然是“食君禄”。对老百姓要好一点，那是书面逻辑；要绝对忠诚于皇上，那是现实逻辑。对老百姓差一点，不一定会丢乌纱帽；对皇上不忠诚，则脑袋都可能搬家。稍有理性的人，都知道怎么选择，作为社会精英的官吏，哪能分不清其中的利害关系？

皇上远在京城，不一定清楚各地官员的具体施政行为，直接决定官员们的饭碗的，是对自己有管辖、监督之权的上司。所以，尽管官员们吃的是“君禄”，但俸禄简直可以说是上级发的。

上级之威福，官员们心知肚明。清代顺治年间，陕西有个道台王化淳，到任后公开声言：“送礼者免责，不送者即革。”由于上级对下级拥有支配权，上级可以包庇下级，也可以找理由惩治下级，所以王道台敢于公开宣称，送了礼的我就不追究你的责任了，不送礼的就等着革职吧。面对如此强势的上级，下级们为了保住饭碗，除了听话似乎也没有别的什么好办法了。

不听话的后果是很严重的。同样是在顺治年间，有个叫李皭的人出任福建将乐县县令，上级暗示要送礼。李皭是个清官，刚到任的时候就跟家人说明白：“在官，俸金外皆赃也，不可以丝毫累我。”李皭不向上司送礼，也没有礼可送，其结果是：“居三年，上官有索馈者，无以应，遂去官归。”不顺从上级的意志，只能是丢了饭碗回老家。

在上级决定下级命运的官场规则之下，下级的饭碗端在上级手里，官员们会认为自己吃的是老百姓的俸禄吗？显然不会。官员们的最高上级是皇帝，如果他们不认为自己吃的是直接上级的俸禄，那就只能是吃最高上级——皇帝的俸禄，也就是食君禄。

先秦的政治家兼思想家管子曾经教导君王们怎么操控官吏：“明王之所操者六：生之杀之，富之贫之，贵之贱之。此六柄者，主之所操也。”意即君主可以通过掌控决定臣子生死、贫富、贵贱的权力，驱使臣子为自己卖命，使臣子们对之既敬且畏。从个人的角度说，谁决定其命运，就服从于谁、效忠于谁，这本是出于趋利避害的本能所做的最优选择。当君主握有决定臣子的生死、贫富、贵贱诸命运的权柄时，臣子除了服从和效忠皇帝没有其他更好的选择。所以，既食君禄，就必须忠诚王事，忠君思想因此逐渐强化为君主对臣子的最高指令。

由此可知，要让官吏们从内心中认同他们吃的是老百姓的俸禄，道理并不复杂：只要让他们的命运像操于君主之手那样操于老百姓之手，他们自然就会形成吃的是老百姓的俸禄的观念，并且像忠诚于君主那样忠诚于老百姓。问题只是在于：有什么办法能把这种道理变成现实？

这是一个难题，在中国传统政治思维框架下没有答案。现代政治制度为此难题所设计的解决方案是：官员分政务官和事务官；政务官由选民选举产生，他们的命运取决于选民手中的选票；事务官即公务员由考试选拔，他们保持政治中立，不从属于哪个党派，他们的业绩由专门机构按公务员法评定，升迁由业绩决定，而不取决于上级的个人意志。这样，政务官知道自己吃的是选民们的俸禄，事务官也明白自己吃的是纳税人的饭，因此他们必须树立为选民、纳税人服务的观念，否则就可能丢失饭碗。

政治人物凭什么获得尊敬

1922年9月，上海的一家英文杂志《每周评论》做了一项民意测验，选举“十二名在世的最伟大的中国人”。投票者几乎全是中国人，主要是教员和学生。收到的有效选票大约是2.5万张。1923年公布选举结果，位列第一的是孙中山，得选票1315张，列第二位的是冯玉祥，得选票1217张。

孙中山是所谓“民国伟人”，当选当时“在世的最伟大的中国人”的首位自在情理之中。但冯玉祥对近现代中国历史的影响相对于孙中山来说要小得多，何以当时被认为是仅次于孙中山、选票之差仅98张的“最伟大的中国人”呢？冯玉祥做了什么事让人们对他这么崇仰？

可能的原因，是冯玉祥严格约束部伍，在其主政的地方施行“德政”。此前，冯玉祥曾主政湘西（湖南常德）、陕西和河南。在陕西期间因为各种原因而作为不大，但在常德留下了“德政”的名声，而在1922年4月起任河南督军，主政河南期间的一系列举措更为人称道，比如打击土匪、公开财政收支、清除腐败、支持教育等。

当时河南的匪患非常严重。土匪经常绑架老百姓，把受害人的一只耳朵割下或砍去一根手指寄给其亲属，如果再不按时交纳赎金，则把其躯体的一部分送去。此类事屡见不鲜。除绑架外，土匪还干了许多别的罪恶勾当，严重威胁人们的财产和生命。冯玉祥分兵几路追剿土匪。两三个月后，剿匪初见成效，报界称赞冯“干出了奇迹”，其辖区内“已消除了匪患”。

在财政方面，冯玉祥公开收支，被认为是“中国政务首次出现的新鲜事”。打击腐败方面，河南省府和开封市府的主要官员大部分被撤换，有的官员被监禁，有的被处决，省府各部门很快成为“公认的廉洁的职能机构”。

支持教育方面，冯玉祥用抄没的前河南督军赵倜的家产的一部分作为教育补助经费，以支付欠薪和改善教学条件。冯还指定契税为教育专款，特聘留美教育学博士、南开大学教务长凌冰为河南教育厅厅长。一时气象更新，以至一位外国人说“学校比我到这个城市以来的任何时候都办得好”。

冯玉祥的“德政”受到了老百姓的交口称誉。1922年10月初，河南的农民、商人和知识分子听闻冯玉祥将被调京任陆军检阅使，连续发电报给北京政府要求冯玉祥留任，称“督可废而冯公不可去，头可断而民志不可夺”。不过，河南的民意没有留住冯玉祥，大总统黎元洪的调令很快下达，冯玉祥一接电令当天就离豫北上了。河南人民对北京政府无视他们坚留冯玉祥的请求十分愤慨。

冯玉祥一离河南，河南情况随之恶化。他的继任者立即征收1924年的税。冯的革新被废止，贪污腐败每况愈下，社会混乱黑暗与前河南督军赵倜执政时一般。教育厅长凌冰离豫返津，重任南开大学原职。土匪活动又复猖獗，冯离豫后仅几周，河南东部的匪患就“和先前一样的严重，如果说不是更严重的话”。至1923年初，包括开封在内昔日冯管辖的地区的状况，都已完全回复到其督豫之前的老样子。

冯玉祥离开河南的时候，正是他声誉日隆之时，他以督军、基督将军（冯信奉基督教，其士兵差不多都接受了洗礼）、改革者蜚声全国。中国人民——尤其是华北人民——从冯的军队真爱民、不扰民及冯注重教育、勇于革新、关心群众疾苦等看到：冯确实与其他军阀不同。冯因此而全国知名。正是在这样的背景下，离豫前一月开始的民意测验冯被选为“十二名在世的最伟大的中国人”中的第二名就不奇怪了。

与冯同时代的其他军阀，毫不关心民瘼，常常纵兵掳掠，形同土匪。而冯却对士兵进行严肃的爱国爱民的思想教育，反复强调抵御外侮、爱护百姓是每个官兵的天职。当时流传一段著名的冯部队的问答式的思想教育，军官大声问，士兵们齐声回答：

问：谁供给你们衣食？

答：老百姓！

问：如有人欺压老百姓，你们怎么办？

答：打倒他！

问：如冯玉祥压迫老百姓，你们怎么办？

答：打倒冯玉祥！

与同时代的军阀相比较，冯的确可以算是当时“最伟大的中国人”，与孙中山相比仅差98票可以说是体现了民意的公正。但是对于“伟大”的评价存在不同的标准，对于冯的“伟大”也有不同的看法。

冯的故事，给了美国学者奥尔森（Mancur Lloyd Olson）灵感，由此提出了关于国家起源的著名的“匪帮理论”。其观点认为，当一个匪帮从“流窜”变成“常驻”，从抢劫变成收税，使无政府状态变为有秩序的统治，国家就产生了，匪徒就成了统治者。

奥尔森说：“为什么大多数人口众多的社会在历史上都避免了无政府状态呢？当我读了描述一位中国军阀的书（指美国人薛立敦撰写的冯玉祥传记）时，偶然得到了答案。在20世纪20年代，中国大部分地区被军阀割据。他们武装一队人马，占据一块地盘，然后在各自的地盘上自立为王。他们向人民征收重税，大多数装入自己的腰包。军阀冯玉祥就是因为用他的军队镇压了土匪，并击败了相对有实力的流窜匪帮而拥有这种特殊的地盘，才声名显赫的。很显然，冯玉祥地盘上的大多数人感到他比流窜匪帮更可取。”

因此，在奥尔森看来，冯玉祥和他的军队与其他匪帮的差别，仅仅是“常驻”和“流窜”的差别，冯玉祥与其他军阀相比，也仅仅是实行“德政”的军阀而已。这种观点不是所有人都能接受，冯玉祥自己对“军阀”二字就很敏感，他认为自己不是军阀，我们许多中国人也认为冯不是军阀，而应该归为爱国军人之列。然而，奥尔森的理论也有其合理的逻辑和深刻的道理。

具体到冯玉祥身上，冯和他的军队在当时的作为，其实只是在履行基本的政府职责，即提供公共安全和教育等其他公共产品。这些公共产品的质量还不能说是很高的，与一个现代政府所履行的国家职责相比还有很大的距离。这当然不是否定冯当时的作为，而只是从两个不同的标准来评价同一个事物所得出的不同结论而已：从历史的角度来看，冯的确可称“最伟大的中国人”之一，因为他与残民以逞的军阀们不同；而从履行现代政府职责的角度来看，冯当时的作为就没有什么值得夸耀之处，甚至还有许多欠缺。

1922年冯玉祥被选为“十二名在世的最伟大的中国人”的第二名的民意测验，其实只是验证了一个道理，即政治人物所获得的人们的尊敬，与其行为在多大程度上符合现代政府的角色要求成正比。

让老百姓认同国家，靠什么？

北宋前期，政府高层在是否实施一项政策上产生了分歧。政策的内容，是在河朔地区推行盐榷制度。所谓盐榷，就是食盐专卖。河朔，泛指黄河以北地区，在现在河南、河北、山东一带。政策提出者认为，实行盐榷制有利于提高财政收入。政府缺钱，正有寻钱的冲动，所以，这项政策在高层得到大部分人的认同。但是，反对者说，如果实施这项政策，将会有很严重的后果：使河朔地区的人民失去国家认同感。

现在看来，反对者的认识比政策提出者深刻。河朔毗连燕蓟。燕蓟即现在北京、河北一带，当时归属契丹辽国，北宋想收回国土，但一直没有成功。反对者余靖说："臣尝痛燕蓟之地，陷入契丹几百年，而民忘南顾心者，大率契丹之法简易，盐麴俱贱、科役不烦故也。昔太祖推恩河朔，故许通商。今若榷之，价必腾踊，民苟怀怨，悔将何及……盐价若高，犯法亦众，边民怨望，非国之福……"

燕蓟之地被契丹辽人占领之后，汉族老百姓渐渐忘了南顾之心，为何会如此？余靖提供的解释是"盐麴俱贱、科役不烦"。"盐麴"，指盐、酒专卖，"科役"就是赋税。由于契丹不搞国家垄断，经济自由，所以"盐麴俱贱"，价格较低；而"科役不烦"，则使老百姓免受苛捐杂税。总结起来说，就是契丹政府比较善待老百姓，老百姓经济上的被剥夺感较轻，这使得生活于燕蓟之地的汉人，渐渐失去了对北宋的国家情感，忘掉了"南顾心"。

"盐麴"和"科役"是中国古代政府获取收入的两个途径。"盐麴"的实质是对老百姓日常生活需要的东西，比如盐、铁、酒等，进行国有垄断经营，以此获取高额垄断收益。这是自从春秋战国时期就产生的国家控制经济思想。"科役"即税收，常演变为苛捐杂税。

老百姓对政府收税和日常生活品国有垄断经营并不是简单反对。政府提供了安全、秩序等社会公共产品，公共产品需要花钱去买，这是老百姓承认的。但是，有时候公共产品的价格过于高昂，大大高于安全、秩序等产品的价值，老百姓心里也不免嘀咕：强盗的抢劫是不合法的，而政府收取苛捐杂税却是合法的，这是为什么呢？这样一对比，显然会严重损害政府的公信力和权威性。

对公共产品，老百姓并没有免费享受午餐的心思，只是希望不要剥夺太过。换句话说，就是老百姓对政府的做法有个心理认同问题，认同的标准就是“盐麴俱贱、科役不烦”：符合这个标准，老百姓就认同；不符合这个标准，老百姓就不认同。但是，中国历史上各个王朝的做法，看起来很少能符合这个标准。

普遍的情况，是国家通过“盐麴”和“科役”这两种方式敛取民财，剥夺老百姓的经济权利。在国家和人民的诸多关系中，赋税关系是实实在在的：国家存在靠赋税，而赋税是由老百姓提供的。老百姓的国家认同感，也是建立在这一点上：“盐麴俱贱、科役不烦”，经济被剥夺感较轻，则国家认同感越强，反之亦然。

中国古代中原汉人有强烈的华夷意识。出于文化优越感，中原汉人向来视周边各族为蛮、夷、戎、狄，以受蛮、夷、戎、狄统治为耻。但是，北宋初期燕蓟地区汉人的心态，却反映了历史的另一面，也提出了一个深刻的问题：让老百姓认同国家，靠的是什么？是文化认同、族群认同吗？

从这个事例看，显然有一个比文化认同、族群认同更重要的东西，那就是权利认同，即国家必须保证老百姓的权利（经济权利是其中最基本、最重要的内容），老百姓才能从心理上认同这个国家。不过，严格说来，这里的“国家”其实是政权，老百姓的国家认同，其实是政权认同：是契丹政权，还是赵宋政权。燕蓟地区的汉人从文化、族群心理上是接受赵宋政权的，因为赵宋政权是华夏衣冠；但如果赵宋政权对老百姓的经济剥夺过于厉害，“盐麴俱贵、科役甚烦”，老百姓还是会对之“怀怨”、“怨望”，而在内心中否定它，最终“忘南顾心”，弃之如敝履。

国家认同感是一种社会心态，老百姓要的是幸福生活，幸福生活必须有经济保障，所以，经济权利成了国家认同感的基础。一个随意剥夺老百姓经济权利的政权，显然难以获得广泛的国家认同。考虑到实施盐榷政策的严重后果，即“边民怨望，非国之福”，为了争取河朔地区的民心，赵宋政权被迫与契丹政权竞争，盐榷政策暂时搁浅——“其议遂寝”。

晚清中国首富为什么想移民美国

1842年12月23日，一个中国人在广州写信给他在美国马萨诸塞州的朋友库欣（J. P. Cushing）说，如果不是年纪太大，经不起漂洋过海的折腾，他十分想移居美国。同一天，他在写给另一位美国朋友罗伯特·福布斯（Robert Forbes）的信中也表示："如果我现在是青年，我将认真地考虑乘船往美国，在你附近的某处定居。"

这个写信的人非同一般——他是中国首富，甚至被美国《华尔街日报》视为世界首富；他是19世纪国际知名度最高的中国人。这个人就是伍秉鉴（1769—1843）。其资产，1834年估计为2600万银元，相当于银子1872万两。这个数字，将近当年中国政府财政收入的一半。而2008年《福布斯》财富排行榜上中国大陆第一富豪刘永行，总资产估计是204亿元，不到逾6万亿的年度国家财政收入的0.4%，由此可知当年伍秉鉴财富之巨。

中国首富伍秉鉴为何想移居美国？要知道，1842年的美国绝非今日之美国，在当时中国人的观念中，美国根本不是值得向往的乐土，移民美国是远走异乡，天涯漂泊，绝不像如今，视之为理想的选择，以之为荣。

伍秉鉴是"广东十三行"商人，其财富主要来自对外贸易。对外贸易容易发财，但经营的风险也不小。研究显示，十三行商人不断变换，洋行平均寿命不到10年。从1760至1843年的84年中，先后共有47家洋行开张营业，而在1771—1839年间停业、倒闭的则有37家，平均不到两年即有一家关门。许多行商，因为积欠官方税银或外国商人债务而倒闭，破产、抄家、下狱、充军司空见惯。十三行商人中真正成功的，其实只有两家，一家是潘氏的同文行（后改同孚行），一家就是伍氏的怡和行。怡和行的创始人伍国莹曾是同文行的账房，早期经营也不顺利，不过后来终于发展壮大，在伍秉鉴的经营下达到巅峰，成为行商之首。

伍秉鉴经营的成功，显示他是一个商业奇才，远超同时代的其他中国人。现有的一些材料，如美国哈佛大学贝克尔图书馆等处收藏的伍秉鉴与美国、印度等国朋友的商业信函显示，伍秉鉴不是普通的十三行商人，他在欧洲、美国、印度有广泛的投资，投资领域涉及铁路、证券、保险等行业，看起来更像是当代的投资家。

伍秉鉴在海外的投资都是委托外国朋友进行的，他与外国朋友的相互信赖，也超出常人的想象。在外国人看来，伍秉鉴个人充满人格魅力，“在诚实和博爱方面享有无可指责的盛名”，始终被看作是一位非常值得信赖的商业伙伴。但这样一位商业精英，能够获得外国朋友的尊敬，在中国却难以获得应有的尊重。

商人，在中国传统社会身处士、农、工、商“四民”之末，尽管他们发财之后也可以花钱捐官戴上“红顶子”，但实际上命运还是不由自己掌控的。十三行商人的破产，一个最重要的原因是商业利润被官方抽空。

在官方看来，行商是一块肥肉，可以随便找个理由甚至制造理由罚款。一旦发现外商违反规定，负有担保责任的行商就要受50倍甚至100倍货税的罚款。比如1800年，怡和行承保的一艘英国东印度公司商船“休·英格利斯”号，船上会计员私人的物品（两对表）因放入铁箱保管，未及取出而被携带上岸，海关官吏认为其偷税漏税，怡和行提出缴付180银元了事，结果被海关罚税50倍。另一位行商则更惨，其承保的“西里塞斯特”号被怀疑与被缉获的48匹羽纱走私有关，结果被罚缴税款100倍，每匹羽纱原税银为14两，48匹共需缴税672两，罚款高达67200银元。

官方还动辄要求行商捐献财产，如遇到战争、水旱灾害或皇帝生日，行商要主动捐款，时称“捐输”或“报效”。据统计，1773—1835年间，见于官方档案材料记载的行商向朝廷捐款就达508.5万两银子，实际捐数当远不止此数。有些材料给伍氏捐款算了一笔账，说：“计伍氏先后所助不下千万，捐输为海内冠”。千万不过是个约数，不可作实，但以百万计则无可怀疑，如仅1833年一年，怡和行捐款据说就达50万两。

行商们还经常受到官吏个人的勒索，稍不遂意，大祸立至。伍氏曾被比喻成“一只容易被剥光的肥鹅”或“肥羊”。行商中的另一成功者潘氏则说：“宁为一只狗，不为行商首。”行商的资格获得有时候也不是完全自愿的，一旦入了行就不能退出。伍秉鉴要求退休而不得，花了90万银元（或两）才将位置改由他儿子顶替，但官方仍要他负担所有行商的一切责任，他又表示愿意捐献2600万银元中的80%给官方以求安享余下的20%财富，仍不可得。

除了大清官方，外国人也不是善茬。大清官方让行商代为“管理”外国商人，但外国商人与行商不过是贸易伙伴，哪里受其管制？由于大清帝国的外贸制度不合现代国际贸易要求，外国商人一直反对和抗议，行商就成了风箱中的老鼠，两头受气。在鸦片战争爆发前，伍秉鉴曾经想充当调停人，避免战祸的发生。但是盛怒的林则徐大人是不会听从他的建议的。作为行商之首，他的继承人、儿子伍绍荣被逮捕入狱，他则被套上锁链，押往英国大鸦片贩子颠地创办的宝顺洋行，成为催促颠地接受传讯的筹码，林则徐扬言，如果颠地拒绝前往，伍秉鉴将被处死。颠地则为了自己的生命安全而置这种威胁于不顾。

鸦片战争，也是伍氏破财之时。1841年5月，清军战败，被迫向英军交纳600万银元的赎城（广州）费，伍氏交了110万银元。《南京条约》签订，要求赔款2100万银元，其中300万是商欠，伍氏交了100万银元。在民族危难之际，伍氏作为富人，即便出多少钱我们都认为是应该的，毕竟国家、民族利益高于个人利益，何况伍氏有那样的财力。

但是，事情还有另外一方面，即在大清帝国的统治之下，商人不过是官吏敛财的对象，其生命和财产安全都是完全没有保障的，个人尊严就更不用说了。这样的社会，对商人是否公平？对国家、民族是否有利？

对于商人伍秉鉴来说，既然无法改变现实，逃避就成了唯一的选择。耄耋之年的伍秉鉴看来已经看透了世局，所以他想到了移居美国。伍秉鉴信中流露的心态，台湾学者陈国栋的评论是恰当的：“看来鼎鼎大名的伍浩官（浩官是伍氏怡和行的商名）不但对洋行的工作失望了，对整个中国的社会制度也失望了。”

1895年的一本书与一场变革

1895年，一本名为《泰西新史揽要》的图书在中国出版，随即刮起阅读旋风，从皇帝、高官到普通知识分子，争相传阅，一时洛阳纸贵。数年之间卖了上百万册，盗版更是不计其数，据说仅四川就出现了19个盗版本子。

更有意思的是，俄国驻华公使喀西尼（Count Cassini）拜访大清帝国政要恭亲王奕䜣时，关于此书两人有一段惊人的对话。喀西尼问奕䜣是否读过此书，奕䜣表示读过。喀西尼问："你对此书有何意见？"奕䜣回答："这是一本对中国很有用的书。"喀西尼说："那么，恐怕你未明了此书之精神了。它教导人何谓民主，反对专制。这种观念一旦成为潮流，你们六百万满洲人在自由选举的情形下，必为四亿多的汉人赶逐下台，而你亦须卷席归田。"

这段对话来自《泰西新史揽要》汉译本翻译者李提摩太（Timothy Richard，英国浸礼会在华传教士）的自传。李提摩太不是该事件的亲历者，所以无从查证它的真伪。自然，我们也无从揣测奕䜣听到喀西尼的那段惊人之论后作何感想。在晚清政治风云中，奕䜣作为洋务运动的领袖，算是思想开明者。奕䜣原认为《泰西新史揽要》"是一本对中国很有用的书"，但是，在他听到喀西尼的那段议论之后，他还会认同自己原来的判断吗？

《泰西新史揽要》原名《十九世纪史》（*The Nineteenth Century: A History*），作者麦肯奇（Robert Mackenzie，或译麦垦西），英国人，新闻从业者，并非职业历史学家。该书1880年伦敦初版，经李提摩太翻译，1894年以《泰西近百年来大事记》为题在英美在华传教士创办的《万国公报》上连载，次年以《泰西新史揽要》为名正式出版。

《泰西新史揽要》介绍"泰西"（指欧美，也包括印度等英国殖民地）各国的19世纪发展史，总结各国兴衰规律。该书认为西方国家富强的奥秘，"新政"即政治改革之后民权的兴起，比科学技术进步和工商业繁荣更为重要。

"民既有权，则可以博考万物而得万物之理"，有了民权，个人才智就能得以充分发挥，科学技术也会随之繁荣；"欧洲各国民间既有举官以治国之权，即永无设会以害国之事"，即老百姓有了选举官员（议员）治理国家的权利，也就无须"私自结党以立会而抗国"，国家和民众之间就没有了化解不了的矛盾，社会就趋于稳定和发展。

该书受19世纪流行的社会达尔文主义影响，推崇19世纪为进步的时代，认为专制主义已经衰亡，自由时代已经到来。其结论是，在19世纪，"欧洲西半各国不按十数帝王之族随意治民，而按民心以治国。六十年前（指1820年之前）各国帝王于百姓之身家性命若为国家之所固有，随意驱策，无人敢抗……至于今，则诸国非帝王之所治，而民之所自治，比户几各有举官之权，既有此权，内外大小诸事必将顺民心以治理。从前欧民一百八十兆皆如奴仆听主人之约束，而不敢违背者，今则悉由自主"。

《泰西新史揽要》对1895年的大清帝国来说无疑给其上了一堂民主课，对大清帝国朝野进行了一次民主启蒙。如同恭亲王奕䜣原先的认识那样，"这是一本对中国很有用的书"。不过，出版这样的书是有风险的，出版者没有因此而遭殃，主要是由于1895年大清帝国的特殊国情——甲午战败，举国反思，该书的见解相当于给甲午战败提供了合理的解释，所以它没有受到太多的责难，反而受到了空前的欢迎，政、学各界均给予高度评价。

梁启超认为，此书"述百年以来欧美各国变法自强之迹，西史中最佳之书也"。吴汝纶在给朋友的信中，称赞"其书皆百年以来各国转弱为强之事迹，最为有益于中国"。李鸿章、张之洞、翁同龢等也都对此书表示赞赏。光绪皇帝是经康有为推荐而得识此书的，之后"置御案，日加披览"，"于万国之故更明，变法之志更决"。在戊戌维新期间，康有为、梁启超所上的奏折，许多理念和建议均来自《泰西新史揽要》及李提摩太为该书所写的序言。在一定意义上，也可以说是《泰西新史揽要》促成了戊戌变法。

喀西尼说奕䜣未明了《泰西新史揽要》一书的精神，其实戊戌维新前后的中国，《泰西新史揽要》倡扬的民主、民权精神已是社会主流意识，大清帝国的改革已是不可避免，戊戌变法被扼杀延缓了改革进程，而这最终使"六百万满洲人"被"赶逐下台"的风险大大增加。

第四章　政情

中国历史上政情特殊，打黑是运动式的，成功依赖于廉吏加能员的个人才干、品德和决心，而非持之以恒的制度。至于反贪，并非纯粹之举，有时则成了贪官污吏打击政敌的政治斗争工具。错案、冤案频发，固然受制于人类认知能力和刑事侦查手段的有限性，但主要是制度未尽合理埋下了隐患。制度变革很难，"万历新政"不新，乾隆的困惑没有答案。

打黑需要走出“张集馨模式”

中国古代打黑，存在一个模式，可称“张集馨模式”。

所谓“张集馨模式”，就是以“廉吏”兼“能员”的个人为主导的打黑模式，它主要是一种因人成事的模式，而不是一种有制度化保障的模式。

张集馨是清代道光、咸丰年间的官员，是一位“廉吏”兼“能员”。“廉”即清廉，“能”指能力强。道光二十七年（1847年），张集馨出任四川按察使。按察使主管一省刑名，权责类似现在的省委政法委书记。清代的四川，曾经是黑恶势力活动最为猖獗的省份之一。当时四川最大的黑恶势力，民间称为“啯噜子”，官方则称为“啯匪”。

张集馨到任之前，“地方啯匪横行，杀人于市，掳抢勒赎之案，无日无之，逼近省城，肆无忌惮”，黑恶势力非常嚣张。当时任四川总督的是满洲镶黄旗人宝兴，此人任职期间，“诸事废弛，而于地方公事，漠不留心”，以致手下军官多与黑恶势力勾结，为之通风报信，这样“上下养痈遗患，不止一年”，连总督本人“行香拜庙，非以重兵围护，不敢出署”。张集馨就任四川按察使之时，宝兴已卸任，琦善接任。琦善为满洲正黄旗人，属于皇族，在鸦片战争中是所谓“妥协派”（编注：茅海建先生在《天朝的崩溃》中认为，传统加在琦善头上的罪名无法坐实，鸦片战争中的妥协之责更多应由道光承担），不过此人在当时的省部级高官中也算是有能力的人，张集馨评价其为“吏治可观，而人总畏其严厉”。琦善新任四川总督，对于黑恶势力猖獗的现状很有整顿之心，而张集馨的到来，使他有了一个能干的下属，于是掀起打黑风暴，先后捕获王老冬、张灯杆子等八十余名案犯，“讯明正法，盗风遂息”。

道光年间的这场打黑风暴，是以张集馨这个“廉吏”兼“能员”为主导、在琦善这个四川“一把手”鼎力支持之下取得的暂时性的成功。这种打黑模式有很大的局限性，因为它首先要有张集馨这个“廉吏”兼“能员”，再有“一把手”的鼎力支持，这样才能风云际会，暂时取得成功。假如宝兴在任，张集馨没有支持，恐怕很难成功；琦善在任，如果没有张集馨这样的能干属员，也难以成功。因此，这种打黑的成功，完全是一种因人成事、缺乏制度保障的成功。琦善和张集馨在四川的任职时间有限，当地的黑恶势力完全可以卷土重来。这样，在琦善和张集馨之前，四川黑恶势力猖獗；在琦善和张集馨之后，四川黑恶势力重新猖獗；只有在琦善和张集馨之时，黑恶势力才受到严厉打击。

张集馨只当了两年四川按察使，因政绩突出，升任甘肃布政使（相当于省长）去了。晚清的四川，黑恶势力一直非常猖獗。到了民国初期，政局动荡，黑恶势力更是发展壮大，奸杀掳掠，无恶不作。位于成都东北几十里的广汉县，一度只有县城归政府控制，其他地方完全被黑恶势力控制，他们不仅抢劫过往客商，对当地的老百姓更是予取予夺。民国军阀混战，对于黑恶势力时而打压，时而利用，不可能有像样的治理。这种状况一直持续到新中国成立初期，人民政权采取有效措施，终于消灭了黑恶势力。改革开放之后，黑恶势力死灰复燃，受转型期特殊的复杂社会形势及海外黑恶势力的影响，当前的中国进入了黑恶势力迅速滋长及发展壮大的严峻时期。

近年来，全国各级司法机关不断加大打击黑恶势力的力度。官方数据显示，自2006年2月中央政法委部署开展全国打黑除恶专项斗争以来，打掉的恶势力已有12850个。然而，另一方面，黑恶势力却似乎逆势发展，难以扼制，此中原因固然复杂，但有一个事实众所周知，即黑恶势力的成长壮大离不开“保护伞”。前两年的重庆打黑，重庆公安局原党委副书记、副局长文强被认定为重庆黑恶势力最大的“保护伞”之一，对此前数年重庆黑恶势力滋长壮大负有不可推卸的责任。

这种情况，与历史也颇为相似。张集馨当时分析黑恶势力猖獗的原因时就说：“余到任体察情形，啯匪之敢于横恣者，恃有包庇之人耳。各营派有海巡，此辈即系盗媒，平日销赃窝匪，靡恶不为，及闻捕拿，则先期暗传消息。”按现在的说法，就是啯匪有官兵甚至总督手下的军官作为“保护伞”，这才发展壮大，横行无忌。历史和现实的许多事实都说明，“保护伞”是黑恶势力成长壮大不可或缺的土壤，要根治黑恶势力，首在铲除“保护伞”这种“黑土壤”。打黑，首先是反腐。

无论古代还是现在，黑恶势力都是政府严厉打击的对象，而以政府的强大，区区黑恶势力是不难打掉的。然而不难打掉的黑恶势力却似乎难以根治，这只能说明治黑模式存有缺陷，这个缺陷，也就是“张集馨模式”的缺陷——缺少制度保障。啯匪“杀人于市，掳抢勒赎”发生之时，亦即老百姓的生命、财产安全受到侵害之时，官方不能及时打击，而只有到了张集馨这种“廉吏”兼“能员”出现之时，才掀起打黑风暴，这本身就说明这种治黑模式缺陷是很明显的。

打黑，只有走出因人成事的“张集馨模式”，地方平安才有制度化保障。

错案频发拷问制度文明

河南省柘城县赵楼村村民赵作海，因被控杀害同村人赵振晌而遭受十余年的牢狱之灾，随着“被害人”的突然现身，又一起无可辩驳的错案、冤案终于大白于天下。与数年前万众瞩目的佘祥林案几乎没什么两样，冤案要想昭雪，须等“被害人”“复活”，这再一次暴露了司法体制的弊端和痼疾，促使人们作深层次的反思。

客观地说，错案和冤案是难以避免的。以法治完善的美国论，据美国学者博卢（Berlow）统计，从1976年到1999年，美国法院对80余名死刑犯作出无罪判决并无罪释放，占杀人犯总数的1.3%。假如据此作一推测，不妨认为1976—1999年间美国死刑犯的误判率约为1.3%。误判原因是多方面的，比如：证人的错误辨认结论（这通常是由警方所采用的存在瑕疵的辨认程序导致）；使用不甚诚实的狱内情报员；无罪证据被隐藏；警方（有时也包括检察官）实施了不当行为；不称职的法庭技术人员提供的检验结果；不合格的辩护律师；存在偏见的法官；陪审团的选任程序存在问题，并产生了存在偏见的陪审团；等等。

实际上，除了一些社会因素，误判部分还缘于人类认知能力和刑事侦查手段的有限性等客观原因。有时真相要想得到完全无误的复原几乎是不可能的，要在一定的时间内发现真相也确有难度，因此刑事案件的审判存在一定的出错概率是情有可原的。

在美国，据以推翻定罪裁决的依据通常都是DNA证据，或者是真正的罪犯所作的供述，而这些证据一般都是多年之后才被发现的。比如1989年一名28岁的投资银行家在公园慢跑时被人残忍地强奸杀害，5名黑人少年被怀疑犯罪。13年后，由于DNA证据和真正的罪犯被发现，从而证实这是一起臭名昭著的冤案。

尽管错案、冤案在所难免，但并不意味着错案、冤案的出现都可以原谅。

因为有些错案、冤案往往主要不是客观原因所致，恰恰是主观原因甚至制度缺陷使然。以赵作海案而论，与清末“老莫杀僧”案就有诸多相似之处。

所谓的“老莫杀僧”，也称太原奇案，并不是一起历史上真实存在的案件，而是源于晚清作家吴趼人的《我佛山人笔记》。故事说山西太原城里的一口井中发现一具和尚尸体，尸身上的俗人衣装被人指认是开豆腐店的莫老头所有。严刑拷打下，莫老头“自诬杀僧”。事过年余，当时颟顸判案的县令被调离，新任县令原在太原府下的交城县任职，他手下一人在交城时常到一家酒店喝酒，与店主混熟，一日店主酒醉吐露杀僧之事。原来，那个僧人清晨从莫老头的豆腐店经过借了莫老头的衣服，回到寺庙时看到一漂亮妇人，于是上前挑逗，两人正要勾搭成奸时，被回家取秤的妇人丈夫发现。妇人丈夫为屠夫，手持锋利屠刀，愤怒之下杀僧抛尸井中，逃离太原，到交城县开了家小酒店。由于真凶被发现，莫老头被判无罪释放。

莫老头遭受严刑拷打，无奈自证其罪。中国式的错案、冤案，通常都是刑讯逼供的结果。

赵作海遭受警方长期殴打，从一抓住就开始打，“在派出所打了，刑警队也打了，‘反正是不说就打’”。赵作海接受采访时回忆，“用小棍敲打头部，然后喝药水，喝了药水发晕、困了的时候，他们就开始在我头上放鞭炮，‘打到最后，扛不住就认了’”。不仅赵作海本人遭受刑讯逼供，与他有关的一些人，如赵的前妻、涉案人杜某某也遭警方殴打。严酷刑讯之下，赵作海9次作有罪供述，口供成为判处死缓重刑的主要证据。

根据我国法律，警方办案采用刑讯逼供是违法的，获取的证据也是不能作为合法证据的，但从媒体揭露的各种冤假错案看，刑讯逼供已属见怪不怪。

按照中国现行的司法体制，刑事案件的运行涉及四方面的主体，即侦（公安局）、控（检察院）、辩（律师）、审（法院），刑事案件是侦查权、检察权、辩护权和审判权的四方博弈。现实中侦、控、审三方常被要求组成专案组联合办案，这导致了三方权力纠结，不利于各方权力的制衡。有些学者认为，强势的警察权、尴尬的检察权、弱势的审判权和软弱的辩护权一旦形成，制度框架必然为错案、冤案的发生埋下隐患。

现代法治需要确立人权保障、程序正当、无罪推定等原则，限制侦查权对个人权利的侵犯，让控、辩双方在诉讼中平等对抗，法官是超然中立的裁判者，以此保证侦、控、辩、审各方权力制衡，实现司法的公正。错案、冤案频发，拷问中国法治。仅仅简单地追究有关司法人员的责任、给受害人以赔偿，是不足以保证错案不再发生的。有必要着眼于保障公民权利、实现司法公正，从制度层面进行深层次的反思和改革。

“跑部钱进”治理难在何处

清同治七年（1868年）十一月二十七日，曾国藩给儿子曾纪泽写信说，他对皇上“感激次骨，较之得高爵穹官，其感百倍过之”。是什么事使曾国藩觉得比获得高官厚爵更让他对皇上感恩戴德呢？除了过去的几件事之外，最近的一件事尤其让他感激涕零。这件事就是皇上同意军费报销免于审计。当年捻军即将被彻底消灭，战争进入扫尾阶段，军费的报销提上了议事日程。但是让湘军主帅曾国藩和淮军主帅李鸿章有点烦恼的是，军费的报销遇到了一点麻烦。

烦恼的原因不是担心皇上对他们大手大脚花钱有意见，让他们烦心的是“部费”。

军费报销要通过户部。户部相当于现在的财政部。报销是有财政纪律的，首先一点是账目必须清楚。但是战争期间情况特殊，账目是很难弄得一清二楚的。从另一个角度说，军费本来就是一本滥账，军官贪污、少用多报也是普遍存在的现象。报销的审计是户部的书吏，也就是财政部的普通人员执行的。这些“部吏”自然知道内情，他们给曾国藩、李鸿章透了口风，报销军费约3000万两，他们要提成，按一厘三毫即1.3%算，共需约40万两银子。

曾国藩很是为此苦恼，他一方面写奏折希望皇上同意军费报销免于审计，另一方面让人去讨价还价，结果书吏们答应只要8万两。皇上出于曾、李保卫大清江山的卓越功勋，同意了曾国藩的要求，但曾国藩表示已经答应给书吏们的8万两银子还是照给。

清代的北京官场有一个独特的现象，叫做“官穷吏富”。吏一般住城南靠东面的正阳门东与崇文门外，而吏的上级——中央六部的司局级干部（司官）则多居住在靠西的宣武门外，这个现象叫“东富西贵”。书吏们住的是产权属于自己的“华宅”，而他们的上级却通常租房住。那么，书吏们靠什么致“富”呢？靠的就是“部费”。

所谓“部费”，就是到六部衙门办事所需要的活动经费，类似于现下“跑部钱进”的钱。给了“部费”，即使不符规定，账目漏洞百出，他们也可以睁一只眼闭一只眼让你通过；如果不给“部费”，即使完全符合规定，账目天衣无缝，他们也可以找个理由打回去，让你核查清楚了再来报。对此，雍正皇帝总结说：“若无部费，虽册档分明，也以本内数字互异，或钱数几两不符，往来驳诘”，“而一有部费，即使糜费钱粮百万，也可准予奏销”。

小小的户部书吏为什么拥有让封疆大吏、中兴名臣曾国藩就范的权力？清代各部的“堂官”（尚书、侍郎）和“司官”（郎中、主事）大多是科举出身，考试的内容是八股文，对财务、审计缺乏专业技术知识。更重要的是，“堂官”、“司官”是经常调动的，他们对本部门的情况往往并不十分了解，对于财务方面的烦琐规定更是不如书吏们精通。另外，“堂官”、“司官”大部分有文人习气，他们更喜欢吟诗赏画、喝酒听戏，对于那些无聊而又让人头疼的数字是没有兴趣去了解的。所以，审计方面一般是交给书吏们去做，自己就是在报告送上来的时候签字，当然，是签“同意”还是“驳回”也是听书吏们的意见。这种情况发展的结果是地方上要报销账目的时候“未去朝天子，先来谒书手（书吏）”，曾国藩也得走这条路子。

这样，各部的普通办事人员——书吏们就拥有了很大的权力。这种权力，实际上就是自由裁量权：他可以让你通过（“可”），也可以不让你通过（“不可”）。而决定他们说“可”还是“不可”的，就看你给不给“部费”、给多少“部费”了。用晚清学者冯桂芬的话说，“夫所谓可不可者，部费到不到也”。如果“部费”到，他可以找让你通过的规定（“例”），如果“部费”不到，他就去找不让你通过的规定。这个现象，清代的人归结为三个字：“吏、例、利”，即吏援例以求利。

地方官员为了筹措“部费”，不是摊派民间就是截留公款，这使得政治混乱，清代历朝皇帝屡屡发布禁革“部费”的圣旨，雍正甚至成立了类似现在审计署的“会考府”以专门主持审计工作，但是地方官员还是照送“部费”不误。这其实不难理解，只要存在没有刚性约束的自由裁量权，要限制“部费”就是不可能的。回到今天，要减少“跑部钱进”现象，驻京办是存是废并不重要，重要的是如何减少部委审批的资金、项目，并限制其自由裁量权。

集体腐败难治理

清代康熙五十三年（1714年）至五十五年（1716年），中央批准广西可以通过捐纳稻谷来换取监生（国子监学生）的资格，办理纳捐的是桂林、梧州、柳州、南宁4个府。由于粮食缺乏，捐谷变成折银交纳。当时广西官方公布的标准是每石稻谷折银子1.1两，捐谷117万余石，折银129万余两。10年之后，老账被新任广西巡抚李绂翻了出来，雍正下令追查，已经离任升官的原广西布政使（相当于省长）黄国材迫于无奈交代了当年广西官场集体腐败的事实。

据黄国材交代，当年捐银按一石稻谷1.1两征收，但实际上只有0.4两下发给州县用于购买稻谷、建盖仓库等项费用，0.03两用于修河修营房，而其他0.67两都被广西官场瓜分掉了。

瓜分标准是这样的：总督、巡抚、布政使各得0.1两，按察使和道台各得0.04两，4个知府及其属下书吏共得0.2两，巡抚衙门书办和布政司衙门书办各得0.01两；还有0.1两作为“部费”——到中央各部衙门报销所需的费用，实际支付的“部费”是0.07两，余下的0.03两归巡抚衙门公用。具体到人，巡抚陈元龙、布政使黄国材各得117825两；总督赵弘灿得88001两、杨琳得29824两，两人合计得117825两，这是因为他们在分钱的时期内工作调动，两人合算一个任期，他们所得也与任期长短有关。总督、巡抚、布政使所得的钱，都是严格按照117万余石捐谷、每石0.1两计算出来的。按察使年希尧按每石0.04两来算，所以他得到的是47130两。

从广西的这个事例看，官场在纳捐时超标准收费，私设“小金库”，钱被瓜分，这是典型的腐败现象。而官场内部在分配贪款时有严格的规矩，各人根据权力大小而占有份额，就像发法定的工资一样发放到个人身上，所以这种腐败绝不是个人行为，而是官场集体行动，是典型的集体腐败。事情过了10年之后才被翻出来，完全是因为高层政治斗争，而不是真正意义上的反腐肃贪。广西整个官场，凡是与之有关的人都得到了好处，没有人会主动揭发此事，揭发了也没用。

广西官场的这个事例并不是特例，大清帝国集体腐败乃是普遍现象。黄国材的儿子黄焜在雍正年间担任湖北布政使，他给雍正的一份汇报材料更为典型地反映了集团腐败的内幕。

汇报材料显示，湖北地方官员在向老百姓征收地丁银时要以零散碎银铸成大块银锭有损耗为名收取“火耗”（实际上就是税外收费），火耗按国家正式税收的10%加收。这多收的10%在湖北官场是这样分配的：总督、巡抚、布政使各1.5%，按察使0.6%，道台0.4%，知府1%，同知、通判0.3%，县令3.2%。

可以看出，湖北官场分配火耗的方法与广西分配捐银极其相似，也是如同发放奖金一样，按照职务来分，一清二楚，没有任何含糊。县令之所以分得的比例较高，不是因为他是征收火耗的具体经办人，花的力气大，可以多分一点，而是因为他只在本县有份儿，而知府在下辖各县都有份儿，省级高官则全省都有份儿。

湖北官场内部分配火耗的机制，当然不是湖北一省的情况，因为全国各省都收火耗，而且也都是按照与湖北相似的办法分配火耗，因而它是全国普遍情况。

从很多事例都能看出，大清帝国的腐败，不是某个官员的个人道德问题，而是官场集体腐败的问题。个人腐败容易治理，集体腐败的治理则无从下手。道光皇帝就表示了他的无奈。道光说，官场类灰色收入“名为例禁，其实无人不取，无地不然”，“上司心知通省官吏莫不皆然，岂能概行纠劾，遂阳禁而阴纵之”。

要医治集体腐败，除非从制度着手，通过改造制度基因的方式进行，其他技术性手段无论如何高明，显然都不可能从根子上解决问题。

乾隆的困惑为何没有答案

乾隆七年（1742年），四月初一日，紫禁城太和殿，323位考生参加一场规格最高的考试——殿试。考试由皇帝亲自主持，试题也是皇帝自己出的。皇帝向考生们提了一个让他烦恼不已的问题：雍正年间实施"耗羡归公"改革，暂时解决了地方办公经费不足和官员收入偏低的问题，然而事过十多年，现在问题又重新出现，和改革前没什么两样，所以有人提议应该恢复"耗羡归公"之前的做法，你们认为应该怎么办？

这一年，乾隆31岁，还是一个年轻人，他读了不少儒家的书，接受了圣贤的教诲，很想做一个明君，因此，他诚心诚意地想听一听他人对这个问题的看法，于是利用了策问天下考生的机会。在乾隆看来，这些考生来自民间，所以了解底层疾苦，还未进入官场，所以还没有沾染官场敷衍恶习，而且他们说起来也算是帝国的知识精英了，所以在他们身上也许能够听到真话，或许还有比较好的建议。

然而，考生们的回答让他很失望。在当月的公开讲话中，乾隆多次表达了他的失望。之后，乾隆又把这个问题抛给帝国的官员们去讨论，但还是没有人能够给他满意的答案。那么，问题到底出在哪里？

问题在于，这是一个超出18世纪中国智慧所能解决的问题。实际上，乾隆在不经意间触碰到了中国历史的一个死结：帝制中国的改革不能真正解决问题，改革很容易回到起点。

自秦汉以来的中国历朝历代，曾有过许多有名的改革，如唐代杨炎、宋代王安石、明代张居正、清代雍正主持的改革。这些改革，基本上都是经济改革——更准确地说，只是财税改革。改革有些取得了一定成效，暂时解决了部分问题，纾解了官民冲突，延缓了王朝的衰落和灭亡。有些改革没有取得什么成效，王朝就会亡得快一些。每次改革，官吏集团内部都有激烈争议，也有改革派和保守派势力的此消彼长。

但是，不管改革还是不改革，不管改革是否取得成效，都不能改变王朝灭亡的命运。如果要追究其原因，根本所在，就是财税改革只是暂时扼制了官吏的贪婪，而不能从根本上解决他们利用权力侵夺社会财富及由此导致的社会不公、官民冲突问题。所以，这种改革的成效极其有限，不用过很长时间，就会回到改革前的起点。

雍正主持的“耗羡归公”改革，当时被认为是成功的。此前地方办公经费不足，官员正式收入较低，因此，自清初起，顺治、康熙曾严令禁止官员收取“火耗”——在征收钱粮时，以零散税银熔铸成大块银锭时有损耗为由乱收费。康熙心知这种情况不可能完全禁止，但又不想将之合法化而使自己背上加赋骂名，有碍自己仁德君主的声誉。雍正比较务实，不像康熙那样要虚名，所以决定实行“耗羡归公”改革，将官吏私收的税银合法化，实即改费为税，加收的税银用于补充地方办公经费不足和增加官员的合法收入——实行“养廉银”制度，以较高的收入激励官员廉洁，制止税外收费的乱象。“养廉”的标准是各省官员自己商议并经雍正批准的，所以，这是官员们自己认为可以保持廉洁的标准。

但是，雍正改革过后不过十多年，事情就回到了“耗羡归公”改革之前的旧局面。乾隆继位之后，再次面对棘手的问题，使自己深陷矛盾之中。因为乾隆继承了两份政治遗产：祖父康熙的“仁慈”和父亲雍正的“严厉”。乾隆以祖父康熙为榜样，很看重“仁慈”的名声。但现实出了问题，不改不行，这使他深感困惑。然而，无论是进士还是现职官员，这些帝国的知识精英和政治精英，都不能解开他的困惑。

实际上，乾隆的困惑是一个超越18世纪甚至二千余年中国传统政治智慧的难题，是一个按照帝国政治逻辑无法解决的难题。因为，对改革来说，重要的不是改革还是不改革的态度，而是改革的内容。显然，解决问题的根本之道，是彻底改革政治，取消皇权专制，然而这却是改革的前提，所以，它自陷于一个无法克服的逻辑困境。而在皇权专制无法制约的前提下，改革也只能是进行一些经济，特别是财税方面的调整，这种调整自然难以摆脱“黄宗羲定律”的制约，也使乾隆陷入难求答案的困惑。

“万历新政”，新在何处？

梁启超将张居正与管仲、商鞅、诸葛亮、李德裕、王安石列为中国古代的六大政治家。著名文学史家朱东润先生在20世纪三四十年代为了推进中国传记文学的研究，特地选择张居正作为传主，为其作传，在陈述选择张居正为传主的理由时说：“中国历史上的伟大人物虽多，但是像居正那样划时代的人物，实在数不上几个。”

朱东润先生之所以认为张居正是“划时代的人物”，原因在于张居正掌握大权的十年（从明隆庆六年到万历十年，1572—1582年）中，开创了一个政局的新局面：“这个时期以前数十年，整个的政局是混乱，以后数十年，还是混乱；只有在这十年之中，比较清明的时代，中国在安定的状态中，获得一定程度的进展，一切都是居正的大功。”

一个政治人物，能在前后都混乱的时代里，以自己的勇气、魄力、手腕以及政治智慧和社会责任感，开创一个政治清明、社会安定的局面，无论怎么说都是值得尊重的，所以梁启超先生的识断是不错的。

张居正能够开创新局面，在于他以内阁首辅——准宰相的身份主导了一场政治改革，这场改革在史学中常被称为“万历新政”。那么，“万历新政”到底有何新意呢？

张居正改革面对的社会病是“私家日富，公室日贫，国匮民穷，病实在此”。“国匮民穷”，即当时国家财政困难，而老百姓又很穷困。那么社会财富都到哪里去了呢？答案是“私家日富”。而所谓“私家”，其实是皇室、豪族。他们“日富”的原因，一方面是侵占国家财政支出的大头，比如当时各王府支付禄米多达853万石，是最沉重的财政负担；另一方面是兼备土地，皇室、豪族大量占有土地，如蜀王占有成都平原70%的沃土，而贫苦百姓则无立锥之地。皇室、豪族有赋役优免的特权，占有土地而不需交纳赋税，老百姓难得有几亩薄地而赋役繁重，甚至土地已被豪族侵夺还要被强派交税。“国匮民穷”如此严重，国家经济已到崩溃边缘，不改革已是绝对不行了。张居正当上了内阁首辅，改革的时机逐渐成熟，因而“万历新政”得以推行。

“万历新政”的首要内容是整治吏治。吏治腐败一向是中国传统政治的痼疾，没有强的手腕和魄力是无法整治的。张居正以其“铁血宰相”的政治手腕推动了吏治改革，取得了一定的成效。

“万历新政”的核心内容是财税改革，是实行“一条鞭法”。所谓“一条鞭法”，是将加在正式赋税上的各种摊派连同正式赋税合并起来，折成银两，分摊到田亩上，按田亩多少收税。“一条鞭法”的初衷是简化纳税手续、平均社会负担，改变豪强逃税、小民不堪重负的状况。这个初衷虽好，但实际效果却很有限。一则这项改革隐含的目的是增加财政收入，国家在改革中不能吃亏，因此它没有降低税负总额，并没有减少民间负担，而是将原先不合法的摊派制度化；二是它希望通过改变不同纳税人对税负的承担的方式，即让占有土地越多的人越多交税的方式来平均社会负担，但这个目标要实现首先要弄清实际占有土地情况，而这却是不容易弄清楚的，尽管推行全国土地丈量，但土地丈量却需官吏主持，权势之家与官吏勾结，“隐弊百端，难以枚举，虽诉讼繁兴，有司莫难清稽规正”，结果是“民但鼓腹含冤，仰屋窃叹而已”，故时人感叹：“呜呼！除一弊，滋一弊，改革之难，诚难哉！然则小民何时而获苏息也。”

“万历新政”虽取得了一定效果，国家财政收入大增，但只能说富国有功，而富民无术。“万历新政”之称“新政”，其“新”在何处呢？其实“万历新政”并没有多少新内容。若论整顿吏治，那自然谈不上新；若论“一条鞭法”，那也不是张居正想出来的，此前已在各地实验，张居正只是将之推广至全国而已。“一条鞭法”中若有新处，则只在纳银这一税收货币化改革举措，这一措施虽然符合历史潮流，但它的影响是复杂的，在当时所起的作用也不完全是正面的。

中国传统社会一切社会问题的根源，在于皇权、官权对民权的侵犯。当皇权、官权过度侵犯民权的时候，官民冲突加剧，社会势必混乱，国势势必不堪。这时候，社会责任感较强的政治家就希望改革。改革的内容，只能是通过限制官权——惩治腐败、抑制官吏对民间的侵扰、加强对官吏的考核和管理的方式，以便暂时纾解社会矛盾，使国势得以振作。但皇权却是一根不能碰的高压线。“万历新政”能取得一定成效，是因皇帝幼小、太后信任——亦即皇权暂时较弱时，使张居正得以假借皇权之威推行新政。而“万历新政”之失败，则在于张居正的某些希望皇帝自我约束的主张在小皇帝的心里留下了不快的阴影，一旦小皇帝长大，大权在握，张居正就难逃政治清算，新政最终也只能付诸东流。由此可知，“新政”不新，缘在无法突破皇权专制之瓶颈。只要无法限制皇权，民权就无法彰显，那就不可能有什么真正的新政。

“反贪”，有时成了政治斗争工具

福建布政使李赓芸自杀，在嘉庆二十二年（1817年）是颇为轰动的事件。

李赓芸自杀是因涉嫌受贿，接受讯问时被辱而起。受贿只是嫌疑，并非事实。事情的起因，是原先李赓芸任福建漳州府知府的时候，有监造战船的职责，后来升任道台，但战船还没有修好，于是留下仆人监工修造；由于修船的钱不够用，仆人便向漳州府下属的龙溪县知县朱履中借了300银元；借钱的事当时李赓芸并不知情，后来知道了，就让仆人如数还钱，但是仆人好像没有把钱还给朱履中。之后，朱履中因贪污被查，他便向闽浙总督汪志伊、福建巡抚王绍兰控告李赓芸索贿，说他的钱都送了上司。汪志伊与李赓芸有点过节，很想借此整一整李赓芸，于是向中央报告李赓芸涉嫌受贿，应当免职查办。中央同意，汪志伊、王绍兰便指派福州知府涂以辀主持讯问。涂以辀知道汪志伊与李赓芸的关系，为了阿谀汪志伊，逼令李赓芸承认受贿1600银元。李赓芸不肯承认，涂以辀盛气凌人，严词训斥，辞色俱厉。李赓芸觉得大受其辱，愤激之下，留下诉冤遗书自尽。

李赓芸死后，仆人到北京告状，朝野哗然。于是中央派出专案组南下福州调查。专案组到达福州之后，被老百姓包围，他们纷纷为李赓芸诉冤，请求予以昭雪。自李赓芸死后，老百姓就自发到他家去悼念，福州的读书人还将唐代杜牧那首著名的《清明》诗改了几个字，变成“白字诗”在福州大街小巷传唱：“清明时节雨霏霏，路上行人哭布司。借问冤家何处是，路人共指汪志伊。”专案组副组长，是乾嘉时代的著名学者王引之，在他的主持下，案情很快水落石出，李赓芸受贿的罪名自然不能成立。最后，汪志伊、王绍兰被革职，涂以辀被发配黑龙江。

李赓芸自杀一案反映了历史上反贪的另一面。李赓芸是因涉嫌贪污而被讯问的，但他实际上是个清廉的官吏，此前在浙江当官的时候，被认为是“浙中良吏第一”，死后则家无余财，丧葬费还得靠朋友主持凑集。但是，他却成为反贪的对象，并且成了反贪的牺牲品。当此案越闹越大时，那个诬陷李赓芸的县令朱履中已经承认是自己“妄讦”，但是闽浙总督汪志伊却不想就此罢休，史载，“志伊怒，必穷诘之”，而福州知府涂以辀则揣摩上宪意旨，借严讯李赓芸以博汪的好感。因此，在这个案件中，反贪其实只是官场争斗的工具。更进一步，反贪会成为政治斗争的工具，廉洁者固然可以利用“反贪”来打击作为政敌的贪官，贪官也可以借“反贪”之名来整肃作为政敌的清官。

清末的岑春煊，由于在1900年八国联军攻进北京、慈禧仓皇西逃的危难之际“勤王”有功而深受慈禧宠信。有这样“硬”的后台，“春煊每至一省，必大肆纠弹，上下皆股栗失色”。在肃贪风暴之下，官员胆战心惊，人人自危，因此送岑一个外号：“官屠”。“官屠”不仅“屠”那些小官小贪，也准备“屠”大官大贪。然而，“屠”小官小贪易，“屠”大官大贪难。当时官最大，也最贪的，莫如京中当政的庆亲王奕劻。岑春煊不止一次在慈禧面前参劾奕劻“贪庸误国”。但是奕劻没有被参倒，岑春煊自己却被人伪造了一张和康有为的合影，被奕劻“密呈太后，证为交通乱党”，结果反贪不成，反被贪者挤出政坛。与岑春煊反贪相类的事史不绝于书，而命运惨于岑春煊者也不鲜见，尤以明代为烈。明代刘瑾、严嵩、魏忠贤之类的大贪巨蠹前腐后继，不绝如缕，而反贪者则前仆后继，一批倒下，又一批起来，但大多死得很惨。

借“反贪”之名整肃政敌，典型者莫如南宋时秦桧整治四川宣抚副使郑刚中。由于郑刚中不怎么听秦的指挥，绍兴十七年（1147年）九月，秦桧指使御史汪勃、余尧弼等人弹劾郑刚中，说他“妄用官钱”等等。几个月后，秦桧又指使余尧弼继续弹劾他“贿赂溢于私帑”等罪。郑被免职，秦桧继续穷追猛打，坚持要彻查郑的“贪污”罪行，派出党羽汤允恭、宋仲堪审理，严刑逼供，“掠治无全肤”，于是郑刚中“欺隐官钱”的罪行被坐实：违旨出卖度牒，收钱五十五万余缗；自设钱监铸钱，随意支用；违法领用厨食等钱一万三千余缗入己；违法私自使用公钱十二万余缗……郑刚中因此“罪大恶极”，“依法当死”。秦桧“宽宏大量”，特免其死，贬至封州安置。郑刚中到了贬所，秦之党羽赵成之“希桧意，每窘辱之”，郑终被折磨致死。直至秦桧死后，郑刚中案才得以昭雪。历史上许多大贪巨恶，如秦桧之流，他们自己卖官鬻爵、大肆纳贿，以至富可敌国，但反贪没有反到他们头上，相反“反贪”却成了他们打击异己、整肃政敌的工具。

清官值得后人尊敬，他们的死博得民间的同情，但在皇帝看来却不值得嘉许。当时中央专案组给嘉庆打报告希望旌表李赓芸，嘉庆回答说，虽然李赓芸之死是因涂以辀勒供凌逼所致，但李赓芸作为省级高官，“缘事逮问，如果实有罪愆，自当静俟国法；若此心皦然，横遭冤抑，亦应据实控诉，朝廷必为昭雪”，而李赓芸却和无知之人一样选择自杀，可见其“性情殊为褊急”，因此“不宜特予旌扬”。嘉庆的意思不过是说，有罪没罪中央自有说法，有罪应该等着国法惩治，没罪可以辩解，应该相信中央会给他清白，所以自杀是不信任组织，是不宜表扬的。单就李赓芸一案来看，嘉庆的话似乎有它的道理。但是，从郑刚中的事例中可以看出，这种好像可以通过程序来解决问题的做法其实行不通，因为“反贪”既然成了政治斗争的工具，“反贪”的大权反为大贪所掌握，那么在这种制度不完善、权力可以被滥用以行私的情况下，程序正义如何实现实在要打一个大大的问号。“反贪”要成为真正意义上的反贪，一个显而易见的前提是，司法应当完全摆脱行政权力的影响。

清代的清官标准

中国人一向崇尚清官，但什么样的人算清官却不大说得清楚。

清代康熙年间，有一位著名的清官叫陈瑸。陈瑸出任巡抚，到北京觐见康熙皇帝，康熙问他官俸是否够用，陈瑸回答说："官吏妄取一钱，即与百千万金无异。人所以贪取，皆为用不足。臣初任知县，即不至穷苦，不取一钱，亦自足用。"陈瑸认为贪污一文铜钱与贪污百两、千两、万两银子没有差别，贪一文钱也是贪污，所以他的清官标准是："必一钱不取，方可谓之清廉"。

康熙的清官标准与陈瑸不大一样。康熙曾经说："所谓廉吏者，亦非一文不取之谓。"这就是说，在康熙眼中，所谓"廉吏"——清官，并不一定是"一文不取"的，像陈瑸那样"一文不取"固然算是清官（"清廉中之卓绝者"），但不能坚持这一原则的也是可以算清官的。

康熙时代还有数位有名的清官，如张鹏翮、张伯行等人。康熙在上谕中说："张鹏翮居官甚清，在山东兖州为官时，亦曾受人规例。张伯行居官亦清，但其刻书甚多，刻一部书非千金不得，此皆从何处来者，此等处，亦不必究。"康熙知道张鹏翮收过礼，并且在圣旨中公开指出来，显然那是官场中众所周知的事实。张伯行家里有钱，做官是家里贴钱，他平时可以不贪污，但此公喜好刻书，这些刻书的钱是不是都是自己掏腰包就不得而知了，康熙显然知道有时候是有人赞助的，这些赞助的钱算什么性质，康熙认为没有必要去追究。

张鹏翮和张伯行都是康熙时代有名的清官，康熙认可，官场认可，民间也认可，但他们并非"一文不取"。按陈瑸的标准，张鹏翮和张伯行不能算清官，但同时代的人却一致认为他们是清官。这就不免让人疑惑：到底什么样的人算清官？我们应该认同陈瑸的标准还是康熙的标准？

陈瑸的标准显然是个高标准。陈瑸拜见康熙后退出，康熙望着他的背影说："此苦行老僧也！"陈瑸的"苦行僧"生活，是一般官员难以承受的。史载其“服御俭素，自奉惟草具粗粝”，平时生活俭朴倒也罢了，在外做官不带家属，二十余年独身，却有悖常情。清代官员一般都是奴仆成群，公事则有师爷帮忙处理。陈瑸则是“未尝延幕僚，案牍胥自任，仆从一二人”，既不请师爷，仆人也只有一二个，这在清代非常少见。海瑞是比陈瑸更有名的清官，死的时候身边也有两个小妾、四个仆人。海瑞的生活已经被看作是过于“清苦”，“有寒士所不能堪者”，而陈瑸“苦行”更甚于海瑞。

中国古代从秦汉到明清历时两千余年，广为人知的清官不过包拯、海瑞等数位。像包拯、海瑞、陈瑸这样的清官非常少，只能当作道德楷模顶礼膜拜，而难以作为典型推广。

相比之下，康熙的标准可以说是一个人性化的标准。张鹏翮是个清官，他收了一点法定收入之外的财物，这不足以证明其是贪官。张伯行有点文人好名的习性，人家赞助他刻几部书也没什么。因此，关键不在是否“一文不取”，也不在是否要清贫得为“寒士所不能堪”，而在于不滥用权力，不以权力谋私。

然而，如果认同康熙的清官标准，则会出现另一个问题，即如何区分罪与非罪？既然收受法定收入之外的财物、接受他人的出版赞助仍然可以算是清官，那么何者该取何者不该取界限就变得模糊，谁是清官谁是贪官就难以分辨，谁该受处罚谁不该受处罚就没有明确的标准。如此，还有谁愿意坚持“一文不取”的原则，被人作为异类对待？显然，这对杜绝腐败是不利的。

但是，如果坚持陈瑸的清官标准，认定“妄取一钱”即为腐败，腐败是否就会受到抑制呢？估计情况也是不乐观的，因为这种高标准实际上是不可执行的。在清代，像张鹏翮、张伯行那样收受一点财物、接受一点赞助在官场随处可见，道光皇帝曾经慨叹其“名为例禁，其实无人不取，无地不然”，以自己皇帝之威权，整顿都无从着手，他要靠官员们给他撑住江山，总不能把他们全部革除掉。

中国传统政治的一大特点，在于权力运用的边界是含糊的，由此留下了极大的运作空间，也产生了极大的灰色利益空间。存在这样的空间，像陈瑸那样的清官必然是极少数，像张鹏翮、张伯行那样的清官也不会多。

周森锋29岁当市长，韩愈29岁官居何职？

29岁或是19岁当市长，本来不是一个问题，如果当选的是韩愈或晏殊，人们一点都不会惊诧。

要论过去千年中最受羡慕的文人，那是非晏殊莫属。晏殊被人艳羡，不是因为文学成就，而是由于仕途顺利。论文学成就，唐宋时期的作家群星璀璨，晏殊只能算是二流作家，但其仕途的顺利千年来难有其匹。晏殊小时候是神童，7岁能文，14岁时与千余名考进士的人一起应试，神色自如，援笔立成，皇帝嘉赏，赐同进士出身。此后仕途顺利，53岁时居相位，人称太平宰相，过着“一曲新词酒一杯”的惬意生活。

与晏殊相比，中国历代文人仕途能如此顺利的微乎其微。以唐宋古文八大家中的韩愈为例，他20岁开始参加进士考试，三次均告失败，第四次才成功。之后，为了取得做官的资格，又参加吏部组织的考试，然而连连败北，三次成绩都不理想。为了谋求任职，三次上书宰相，没有任何结果。到了29岁时，才跟随出任节度使的原宰相董晋做一个幕僚，4年后才回到京师出任正七品的国子监四门博士。

韩愈是历史上的大才，为了获得做官的机会历尽艰辛。但如果把他的经历放到整个唐代历史上看，他其实还算顺利。以考进士为例，唐代有个说法，叫做“三十老明经，五十少进士”。其意思是，熟悉儒家经典的明经科容易考，如果你30岁才考上，那已经算“老”了；而考作诗写赋的进士科很难，50岁考上还算是“少”的。韩愈的朋友孟郊就考了很多次，46岁才中进士。还有很多人考N次都没考上，只好断了再考的念头，如诗人罗隐，考了10次而不成功，无奈作罢。

从中国历史上看，尽管科举之途非常艰辛，但很少看到否定这一制度的言论。科举制度在明清时代走向约束知识阶层思想的一面，那不是这个制度本身的问题，而是在应试内容的指导思想上出了偏差。中国有确切历史记载的进士考试始于公元622年，到1905年被取消，沿袭了1283年。中国古代的官员选拔制度存在三种形式：世袭制、荐举制和科举制。先秦时代的世袭制因不能适应时代要求被扬弃。两汉魏晋南北朝时代实行的荐举制，因推荐不能出以公心，出现“举秀才，不知书”、“举孝廉，父别居”的滥举情况，荐举权被垄断还出现势族（世族、士族）势力而加重了社会不公，最终被淘汰。只有科举制，隋唐以后得到不断健全和沿承。科举制在千余年的历史中被整个社会认可，关键之点在于它提供了一个明确的、注重程序的、平等的竞争机会。有了科举制，一个人，不靠背景，不需出卖人格，而只需靠制度提供的机会，就能实现个人价值及效力国家、服务百姓的理想。

在科举制的精神和内核之中，年龄不是重要的问题，因为它是明确的、注重程序的、平等的竞争机会。韩愈25岁就中了进士，唐代的进士考试每年举行一次，每次考上的不过30人左右，其难度要比现在北大、清华的硕士、博士入学考试大得多。而以韩愈在中国历史上的作为和影响力而论，其优秀的德行和出色的才华也没有人会怀疑，但是韩愈在29岁时还是没有获得理想的职位，原因只是在于当时的官员选拔和任命是制度化的。韩愈虽然不顺利，但他自己和别人都没有怀疑这套制度的公平性。

官员选拔的关键，是有没有一个不看年龄，而仅看才华和品行的制度化的选拔机制。存在这样的机制，出现29岁的市长人们不会惊诧，像韩愈那样，29岁时学识和阅历已经很丰富了；即使出现19岁的市长也不会惊诧，像晏殊那样，14岁就是进士了。他们的德行和才华有目共睹，任命也符合制度化要求。

因此，人们真正关心的，是29岁当市长，究竟是出于竞争机会平等的制度，还是仅仅是无法复制的特例？人们还会问：比之更优秀的29岁年轻人大有人在，为什么他们不能被选为市长？能不能给更多更优秀的29岁年轻人当市长的机会？能不能使人才选拔机制更加完善？其关键，还是在于是否存在一个明确的、注重程序的、竞争机会平等的制度。

驻京办不一定就是坏制度

最近几年，驻京办普遍被认为是一种坏制度。驻京办种种不堪情状，如“跑部钱进”、迎来送往之类，既助长腐败，又浪费财力，确属有害无益。所以，当传出5000余家驻京办将被裁撤的消息时，绝大多数人为之鼓掌欢呼。

但是，如果确认驻京办是一种必须撤销的坏制度，那么现在世界各国在首都设立办事处的情况很普遍，为什么它们却不见得会有中国驻京办的种种不堪情状呢？同样在国内，全国各地办事处的设置也很普遍，但也不一定会有驻京办的种种问题。而从中国历史上看，驻京办同样也未必就是坏制度。

追溯驻京办的历史，论者常溯源到西汉的郡邸和国邸，即州郡和封国设在首都长安的机构。魏晋时期，出现了各郡驻京机构集中在一个区域内的“百郡邸”景象。到了中唐以后，情况发生变化，地方驻京机构改名“进奏院”，这一制度沿袭到宋代。从“进奏院”的立名来看，它的主要功能是传递文件。而魏晋时期的“百郡邸”，其职能是“通奏报，待朝宿”，即传递文件、提供食宿。因此有理由相信，作为驻京机构，从两汉到宋代，其主要职能是“通奏报”，延展职能是“待朝宿”，这在当时交通不发达的情况下，应该说是合理的制度设计。

明清以后，这种专设驻京机构不再存在。清代的总督、巡抚派专人到京城呈送奏折，也特派提塘官驻京负责传递公文、编发邸报等事务。提塘官在京有住处，但没有发展成具有“通奏报，待朝宿”职能的正式机构。有人认为清代各省在京城设立的会馆是驻京办，但会馆经费不是来自地方财政，而是来自民间集资，与地方政府设在京城的办事处在性质上显然是不同的。同治八年（1869年），由李鸿章牵头筹集28000余两白银，在北京修建了有几百间房、宏阔异常的安徽会馆，由于馆规规定必须是有一定地位的淮军将领才能入住，所以被看成是淮军驻京办事处，但把它看作是淮军俱乐部可能更合适。清代和民国时期京城会馆遍地开花，一般都是由同乡集资置办房产，主要供同乡中来京应考和滞留京城的士子、候补官员及现任中下级京官居住。如鲁迅作品中经常出现的S会馆，原名山会邑馆，是绍兴府府城所在的山阴、会稽两县同乡捐资设立的，为两县在京人士提供食宿方便，是一种同乡互助组织，鲁迅曾在那里借住多年。

由此可见，历史上的驻京机构，其设置未必是不合理的。但是，设置未必不合理，不等于没有问题。这些问题，比如刺探、收集情报，行贿官员等行为，可以说与驻京机构一直如影随形。汉武帝时，淮南王刘安之女刘陵长期驻留京城，贿赂大臣，刺探情报，为刘安谋反做准备。刘陵不是驻京办人员，但所做的事淮南国邸人员也可以做，如汉昭帝时燕国邸人员刺探到大将军霍光正在调动军队的重大情报，于是赶紧向燕王刘旦密报，刘旦遂向汉昭帝检举霍光图谋政变。

民国以后最著名的驻京办大概是八路军驻重庆办事处。重庆是当时的陪都，八路军驻重庆办事处自然也可以算驻京办。八路军驻各地办事处的职能较多，包括宣传中共的抗日主张、开展统一战线工作、推动抗日救亡运动、采购与转运军需物资、接待中共过往人员、掩护中共地方组织的活动、营救被捕的共产党人和进步人士等。其中收集情报、接待人员显然是其重要功能。八路军驻重庆办事处设有秘密电台，负责与延安及各地有关电台的联系，这个活动自然少不了要刺探和收集情报；而接待的人员中，则有到重庆与蒋介石进行谈判的毛泽东。

解放后，在计划经济的制度框架下，各省设立驻京办，争夺本省所需的资源，这自然也少不了探信息、托关系。到了“文革”时期，便被认为“是省市区党委和政府的情报机关”，“他们到中央、国家机关到处收集情报和刺探消息”，甚至被指责“各省市区驻京办事处是搞特务活动的”，因而被撤销了。“文革”后省级驻京办恢复，而地市级、县级驻京办也随之发展起来，特别是1994年分税制改革以后，中央财权扩大，各地为了争取重大项目和更多的财政转移支付，自然加大了在京城的活动力度，“跑部钱进”等腐败现象也逐渐为社会所知。

但是，像“跑部钱进”之类的现象，如果将之简单地视为驻京办的罪状恐怕不太合适。在清代，实际上已经不存在像现在的驻京办这样的机构，但“跑部钱进”现象照样存在。清代的财政制度对地方财政收支管理非常严格，地方官不可能拿地方财政去设置驻京办，但地方政府向中央部门呈送“部费”却几乎是公开的，地方官员向京官送礼也极其普遍。

历史提供的经验是，一项制度，其实施的效果如何，不完全是制度本身的问题，还有制度运行土壤、实施机制等问题。一项好的制度，可能实施起来效果不佳，甚至问题丛生。这方面一个突出的例子是同样是民主制度，在北美的美国、加拿大的实施效果是好的，但是在拉美就问题多多，实施效果并不理想。这种现象，通常被解释为拉美继承的是西班牙、葡萄牙的集权与官僚传统，而北美继承的却是英国的民主宪政遗产。两者的历史遗产不一样，导致制度运行土壤、实施机制不一样，实施效果自然也不一样。

因此，简单的存废不能真正解决问题，驻京办或存或废并不是很重要。重要的是，中国必须从集权与官僚传统的政治遗产中走出来，避免陷入拉美式的困境。只有如此，才能让并不坏的制度不变坏，让好的制度能够发挥好的绩效。

“荒政”与“劝分”：中国古代如何救灾

抗旱救灾政府应尽主要责任

中国一向多灾荒。1937年商务印书馆出版的《中国救灾史》（邓云特著）总结说：“我国灾荒之多，世罕其匹，就文献所可徵者言，自西历纪元前十八世纪，直至纪元后二十世纪之今日，此三千数百余年间，几于无年无灾，从亦无年不荒；西欧学者，甚有称我国为‘饥荒之国度’（The land of famine）者，诚非过言。”所以有人说，一部二十四史，就是一部中国灾荒史。

年年有灾，年年救灾。救灾，政府、社会、灾民各有其责，在灾民当努力自救，在社会应施以援手，而在政府，则是不可推卸的公共职责。中国古代政府拯灾救荒的制度和做法称为“荒政”。其源久远，早在西周时期，“大荒，舍用振穷，开廪同食”，已具雏形。到了清代，荒政极其完备，从备灾、报灾、赈灾，到灾后重建，均有严密的制度。

备灾是政府的重要职责之一。备灾之策，首在设立粮仓，以防临灾时出现饥荒。粮仓有常平仓、社仓、义仓、广惠仓、惠民仓、丰储仓等等，有些归属政府，有些属于民间，有些是政府和民间共管。

当发生水、旱等灾害时，荒政中的救灾措施随之启动。首先是地方官员要及时向上级申报灾情。有时候，上级了解到可能有灾情，也会主动要求下级提出救灾预案。南宋嘉定六年（1213年），真德秀任江南东路转运副使，了解到可能会发生严重旱灾，便“以手书与诸郡豫讲赈荒事宜”，宁国府知府张忠恕提出应灾预案，“条画灿然，本末甚备”，真德秀“大喜过望，亟下其所申于诸州”。真德秀认为张忠恕提出的应灾预案非常好，将其散发给其他地市领导。可惜的是，后来张忠恕并不认真赈灾，而是挪用、贪污赈灾款，真德秀大失所望，向皇帝提出将张忠恕免职，追究其责任。

灾情上报之后，朝廷要派人勘察。查验属实，就要启动救灾程序。救灾的措施有许多，如赈济、蠲免、调粟平粜、转移灾民、抚恤安置、劝奖社会助赈等，其中最重要的是赈济和蠲免。赈济即政府无偿向灾民发放粮食等救灾物资。蠲免即减免灾区的赋税和徭役，以助地方恢复生产。

赈济和蠲免需要国家财政出钱。据一项研究，从顺治元年（1644年）至道光十九年（1839年），清政府用于赈济的银子约为4.5亿两，而蠲免的钱粮大约有1.5亿至2亿两。如以赈济和蠲免共6亿两算，时间以200年算，则平均每年约花费300万两，占年均财政总支出约4000万两的百分之七八。清代财政支出中占第一位的是军费，第二位是官吏工资，赈济和蠲免的支出可以排到第三位。清代的赈济和蠲免力度很大，乾隆皇帝曾先后四次普蠲天下钱粮、三次普蠲漕粮，其中乾隆十年（1745年）普蠲钱粮时，共免“额征正赋二千八百万两有奇”。

清代（1644—1839）全国主要省区灾蠲年表

单位：州县

地方 年代	直隶	山东	河南	山西	陕西	甘肃	江苏	安徽	江西	浙江	福建	湖北	湖南	广东	广西	四川	贵州	云南	东北	总计
顺治	180	325	117	73	15	11	61	30	109	105	12	59	37	10						1144
康熙	944	474	315	139	65	157	671	366	527	327	44	460	189	33	8		1	13	2	4735
雍正	159	188	19	2		17	183	101	19	90	2	30	16	10				8	1	845
乾隆	1069	751	498	189	168	728	923	752	79	270	72	327	54	68		20	8	24	92	6092
嘉庆	33	61	77	38	7	25	216	119	7	93		49	13					12	26	1096
道光	347	67	55	39		8	428	323	99	135		191	69				3	17	20	1801
合计	3052	1866	1081	480	255	946	2482	1691	840	1020	130	1116	378	121	8	20	12	74	141	15713

资料来源：据《清代荒政研究》（李向军著，中国农业出版社1995年版）有关统计表整理。

在中国古代，政府对抗灾救荒负有严肃的使命。南宋的董煟总结政府官员在救灾中的职责，概括出皇帝当行六条，宰相当行八条，监司当行十条，太守当行十六条，县令当行二十条。如皇帝应尽的六项职责，包括恐惧修省、减膳彻乐、降诏求言、遣使发廪、省奏章而从谏诤、散积藏以厚黎元。也就是说，当发生灾荒时，皇帝不仅应该拿钱、派人去救灾，自己还应该降低饮食标准、减少娱乐活动，还要反省是否有未尽职的地方。

作为主持政务的宰相，则应该“建散财发粟之策”、“择监司以察守令”，即要向皇帝建言赈灾，要选择好省级干部，使救灾工作卓有成效。至于省级干部，要“察邻路丰熟上下以为告籴之备”，“视部内旱伤大小而行赈救之策”，即要统观全局，了解邻近省份的收成情况，根据本省灾情提出有效的赈灾对策。对于地市的领导，除了调查、统筹本地区救灾的粮食、财物储备，还应“察县吏之能否”，“委诸县各条赈济之方”，“因民情各施赈济之术”，“存恤流民”，“因所以利济民饥”，“散药饵以救民疾”，等等，应尽的职责很多，应统筹指挥本地区的救灾工作，使老百姓饥有食、病有医。基层的县令，是救灾工作的实际施行者，其职责是向上级报告灾情，申请开仓赈济，发动民间力量救灾，维持地方秩序。

各级官吏对救灾负有责任，未能尽到责任的会受到惩处。如匿灾不报就要受到重责，明永乐五年（1407年）五月，“上闻河南饥，有司匿不上闻，命刑部悉寘于法”。

救灾捐款是义举非义务

中国多灾，救灾是政府的天职，是其应尽的公共职责。但面对大灾，政府独力难任，社会力量应予支持，这也是不言自明的道理。以筹措救灾款项来说，中国古代很早就产生了一种社会支持政府的“劝分”思想。

所谓“劝分”，即劝有分无，用宋代对救灾很有研究的学者董煟的话说，“盖以豪家富室储积既多，因而劝之赈发，以惠穷民，以济乡里”。劝分的思想，在春秋战国时代已经形成，《左传》中已有“务穑劝分”的说法。而后来，则演变成政府极其看重的荒政措施，官员们一再强调“救荒之政，莫急于劝分”，“劝分一节，尤于荒政为要”。

劝分的实际内涵，是政府从国家财政中拿不出很多钱来救灾，从而要求富人出钱出粮帮助政府救灾。应该说，富人出钱帮助救灾是应当的，如古人所说：“天生五谷，正救百姓饥厄；天福富家，正欲贫富相资”。在大灾之年，贫民难以活命，而富人坐视不理，那是为富不仁。劝分体现了一种有无相济、贫富相助的思想，是值得倡导的。但是，要使之不变味，却有赖于政府正确对待这种措施。

第一，政府不能推卸责任，过多地依赖劝分。政府应该明白，救灾本是自己的职责，救灾应该首先从国家财政拿钱，而不能过多依赖社会捐献。

中国古代的荒政，政府主导设立常平仓、社仓、义仓，在未灾之年贮备粮食以备荒。但是，由于地方官员未能尽职，仓储或名存实亡，或存粮所剩无几，以致发生灾荒时，政府实际上已无粮可发，除了劝分赈灾无从谈起，因此过多地依赖劝分。但是，这种做法值得追问，宋人王柏曾质问："官无以赈民，使民预输，以自相赈恤，已戾古意，今又移易他用，数额常亏，遇歉岁则复科巨室，此何义哉？"也就是说，本来老百姓缴纳的赋税中包含着救灾的费用，但政府行政费用等方面花费过多，挤占了赈灾支出，之后又要求民间专门"预输"粮食设立专用备荒粮仓，但这些粮仓或者管理不善，或被挪作他用，导致有灾时无粮可用，只能要求富户出粮救灾，这本身是失职的。

从救灾责任来说，政府是责无旁贷，而富人出钱救济贫民属于义举，而非义务。所以，如南宋著名学者真德秀所说，"荒政之行，当以赈济为主，劝分为辅"，只有政府尽到了责任，才能要求民间支持——"盖有司不惜官廪以惠民，然后可责富室不私藏以惠乡里"。如果政府未尽其责，而将救灾之重任推卸给富人，那本身是不负责任的，也是难以让民间认同的。富人因此不愿出钱，而政府又强行劝捐，那样将导致社会无序，救灾工作也会乱成一团。

第二，劝分是自愿捐献，不能演变成硬性摊派。劝分是劝有分无，劝富分贫，本属自愿，是富人自愿出钱帮助贫民，但很多时候却变成官方对民间的强行摊派，不仅富人要捐，贫民也要被强派，成为扰民之举。

明成化七年（1471年），顺天府（现北京）发生水灾，受遣主持救灾工作的右副都御史（相当于现在的监察部副部长）杨璿给各地下派了劝分指标，导致"仅足食者累于劝分之多，嗟怨之声彻闻远迩"，经监察御史告发，皇帝下旨要求杨璿不得"逼迫"，事情才算了结。但是，30余年后的正德四年（1509年），右副都御史王纶又奏湖广（湖北、湖南）预备粮仓已无存粮，请求朝廷同意在武昌、汉口、汉阳等地劝分，称"礼劝富民纳米赈济"，"若恃富党恶不从者疏闻究治"。户部（财政部）讨论回复说："荒政在于恤民，若穷州下邑，欲劝分，恐官吏乘机科害，是穷民未必蒙福，而地方先以受扰矣"，要求只对武昌、汉阳的富商、大姓劝分。皇帝同意户部的建议，下旨说："劝分固救荒权宜之法，但近年逼迫太甚，民情不堪"，要求各地官员"拟礼劝从，不可强之”。从历史上看，劝分常常演变成强行摊派，不论贫富，都要负担，等于是再收一次税。所谓的“劝”变成了“强”，是强人所难，而不再是自愿，完全违背了初衷。

清代的杨景仁说，劝分本“志在救贫”，而“弊先扰富”。实际上，中国古代的劝分举措，其弊不仅在扰富，而且也扰贫。在中国古代的很多时候，政府不能尽救灾的公共职责不说，还将“劝分”这种好的举措变成扰富兼且扰贫的扰民之举，而所“劝”来的钱物有时候还未能真正“分”贫，却成了某些官员的囊中私物。

第五章　史鉴

历史已经提供了足够多的经验，以史资治，一要正确认识历史，二要有向历史学习的诚意。以贪腐难治而论，历史上税关一向是贪腐重灾区，但赫德领导下的晚清中国海关已基本上杜绝了腐败，这一历史经验足证贪腐并非不治之症，而在没有对症下药。近现代中国历史发展的经验表明，现代化的关键是制度现代化，而制度现代化的核心问题在于制度建构是否坚持“和女士”优先的原则，即是否以尊重和保障个人权利为前提。

大清帝国唯一没有贪污腐败的衙门

在中国历史上，有不腐败的官员，却没有不腐败的衙门。如果说有官方机构而不腐败的话，那大概只有一个——晚清的中国海关。

在晚清，中国海关因廉洁而著称，甚至被认为是“世界行政管理史上的奇迹之一”。这个“奇迹”，是英国人赫德（Robert Hart，1835—1911）缔造的。赫德任海关总税务司。所谓“总税务司”，意即“总司海关税务之事”，也就是全权负责管理海关事务。从1861年到1908年，赫德掌握中国海关实际管理权达半个世纪之久。

晚清的中国海关也称“洋关”、“新关”，与之相对的则是“常关”、“旧关”。“洋关”管理国际贸易，由赫德等洋人主持；“常关”管理国内贸易，仍由清政府官员主管。这是典型的“一国两制”。两种体制产生两种绩效：“洋关”高效廉洁，“常关”贪腐蔓延。

“洋关”的工作人员是全世界招聘的，其中的洋人称为“洋员”，中国人则称“华员”。在海关之内，无论是“洋员”还是“华员”，都能廉洁自守。与之相应的是，同是中国人，在“洋关”工作能廉洁自守，而在“常关”工作则个个腐败。

同在中国的土地上，“洋关”廉洁而“常关”腐败，中国人在“洋关”工作能廉洁而在“常关”工作则贪污腐败，这个事实说明了一个道理：腐败在中国是可以治理的，腐败也不是因为中国人的素质差所致。腐败，只能是制度使然。这样，赫德打造廉洁“洋关”的经验，就非常值得总结了。

在制度建设方面，赫德主要是借鉴英国经验。当时的英国，高效廉洁的文官制度已经建立，而海关管理方面，英国更有完善的经验可资借鉴。制定一套廉洁高效的制度对英国人赫德来说并不是难事，中国海关总税务司驻伦敦办事处的负责人金登干（J. D . Campbell）可以帮助他完成。

制定制度并不是难事，关键的是执行问题。以选人、用人（即海关工作人员的选拔和考核）来说，不外遵循几个原则——如因事设岗、以事择人，选人严格、公开公正，严格管理、奖惩分明，如此等等。以人员选拔来说，赫德在选择海关雇员时全球招考，公开选拔。当时在国内的招考点，即有上海、九龙、广州、大连、青岛等处，此后伦敦也设置考点。招考是公开的，但要做到公正，关键的问题是赫德本人及海关高层管理人员不能任用私人。

赫德在广州有位牧师朋友，他希望赫德能够为其儿子乔治·俾士安排一个职位。赫德虽然碍于朋友的面子不好推辞，但他要求乔治·俾士到伦敦的办事处报名参加考试。赫德也的确把乔治·俾士的名字列在寄给金登干的推荐报考名单之中了，但同时他也附上了自己的态度："谁不符合我们的条件，就不录用"。结果，这位伦敦大学的毕业生，因条件不符而被淘汰。

赫德本人坚持原则不任用私人固然有利于海关用人的公正，但要使这种公正真正得到贯彻，还必须有杜绝干扰的能力，这必须享有不受任何掣肘的独立用人权才能实现，而赫德恰好争取到了这个权力。1864年8月总理衙门颁布的《通商各口募用外国人帮办税务章程》规定："各关所有外国人帮办税务事宜，均由总税务司募请调派，其薪水如何增减，其调往各口以及应行撤退，均由总税务司作主"，"各口税务司系总税务司所派委之员。各口税务司、总办、扦子手、头目四项，若有不妥，由总税务司一人作主撤退"。赫德在用人上是有完全的独立自主权的，这是他能够打造廉洁的海关的重要基础。

有了这样的基础，再借鉴英国海关内部防范贪污腐败的管理制度，比如监督制度、会计制度、审计制度、巡视制度等等，再加上合理的薪酬福利制度和严明的奖惩制度，就使得海关职员不仅不能贪，也不需要贪，廉洁就有了保证。

但是，使海关廉洁的关键，不是海关内部的制度建设和有效监督，而是对于海关"一把手"的赫德本人如何监督的问题。"一把手"的腐败才是反腐制度设计的核心。赫德本人的腐败不能完全寄望于赫德的道德品质，而必须有监督使赫德本人也不能贪。

对于赫德来说，他必须面对来自多方面的监督，他在主观上不会贪，在客观上更不能贪。

赫德是中国政府的国际雇员（时称"洋客卿"），其地位非常微妙，他必须面对三个方面的压力：一是来自中国政府的压力。中国政府是有选择自己的雇员的权力的，如果赫德的工作不能让中国政府满意，那么他的职位马上会丢掉，所以赫德必须做中国政府的忠诚雇员，贪污腐败的丑闻是绝对不能出现的。二是来自许多窥视这一职位的其他国家的竞争对手的压力。因为许多国家都想通过控制这个职位来操控中国，巩固在华利益，特别是德国人，对这个职位一直虎视眈眈，所以赫德必须面对外在压力，不能因廉洁问题给人可乘之机。三是来自英国政府的压力。赫德在中国的行为不是简单的个人行为，而在一定程度上代表英国政府的利益，所以他不能因自己的失误而损害英国政府的利益，更不能使自己丑闻缠身，给英国政府丢脸。

在这三个方面的压力之外，还有来自全社会的监督，包括新闻媒体——这个媒体还是全世界的，不仅有中国的民间媒体，还有英国和其他国家的，特别是那些想争夺这个职位的那些国家的媒体，他们想必都巴不得赫德出点事情，好让他们把事情放大，将赫德赶下台。

因此，赫德作为中国政府的国际雇员，必须面对来自各方面的压力和监督，他不像大清帝国的其他官员，压力和监督只是来自自己的上级。

赫德控制下的晚清中国海关的廉洁在二千余年帝制中国的历史上可以说是广陵绝响，但是它的存在到底也说明了贪腐在中国也不是不能治理的。治理贪腐，技术性的制度设计并非不重要，但它不是关键所在。晚清中国海关防止职员腐败的制度设计就证明是科学和有效的，而到了100多年之后的今天，世界上有更多更好的经验可资借鉴，因此制定科学的反腐制度并不困难，但要让这些制度真正落到实处、发挥效用却很困难。反腐败，非知之难，而行之难。

再谈大清帝国唯一没有贪污腐败的衙门

英国人赫德控制下的晚清中国海关基本上杜绝了贪腐现象的事实，作为一个独特的案例，其价值就在于它告诉我们贪腐并非不治之症，在中国反贪是有成功的可能的，治贪的关键是制度建设。制度建设并不难——古今中外尽有可资借鉴的成功经验，如晚清中国海关反腐败的制度设计就被证明是科学和有效的，而到了100多年之后的今天，世界上有更多更好的经验可资借鉴，因此制定科学的反腐制度并不困难。难的是我们是否有制定科学反腐制度的真诚，以及将这种科学反腐制度落到实处的机制。因为，说到底，反腐制度设计的核心是约制权力，只要存在不受约制的权力，再好的制度设计也无法真正落到实处、发挥效用。是故，反腐败，非知之难，而行之难。

以上是笔者撰写《大清帝国唯一没有贪污腐败的衙门》（后简称《衙门》）一文的逻辑和基本结论。该文于2009年10月12日的《南方都市报》刊出后，网络间传播甚广。后有吴海勇先生撰写《大清海关贪不贪？》（见《同舟共进》2010年第4期，后简称《贪》）一文予以反驳，认为所谓“晚清唯一廉洁衙门”的神话可以休矣，同晚清其他衙门相较，洋人治下的海关，贪腐只是程度深浅、范围广狭以及贪腐主体的华洋之别而已。

《贪》文以1904年美国圣路易斯世博会和1905年比利时列日世博会海关洋员涉嫌贪污为例，指控赫德控制下的晚清中国海关存在贪腐行为。按理，指控他人贪污，应当有确凿的证据才是。可惜的是，《贪》文对史料的掌握非常粗疏，依据的材料属于未经证实的道听途说之辞，有些内容明显是错误的。

《贪》文指控海关洋员贪污世博会经费说：“（1904年世博会，清廷）特派出溥伦贝子为正监督，并斥资75万两白银作为参博经费。这笔巨款折换成龙元，有170万龙元之多。……海关承办参博展品耗去45万龙元……另有45万龙元，为洋副监柯乐尔（美国人，时任海关副税司）、书记员巴士伯（法国人）提走，竟不知派作何用。海关洋员如蝇嗜血，叮上中国参博这块肥肉，贪腐之巨到了肆无忌惮的地步。”

这段文字依据的材料是《东方杂志》1905年第9期上面的《记散鲁伊斯（即圣路易斯——笔者注）博览会中国入赛情形》一文，该文对本次世博会中国代表团的开支有专门介绍说：“华员：伦贝子用费多寡未详。黄开甲承办国亭闻费45万龙元，他项未详。洋员：阿乐尔、巴士伯用项约45万龙元。承办赛品用费约45万龙元。”并附有一个“记者按”，称“此次赛会，闻中国政府约费170万龙元之数”。

《东方杂志》的这篇文章多次用了“闻”字，说明它本是道听途说之辞，要用它作为立论的依据，首先要做的一点就是分辨其正误。关于中国参加该次世博会的经费总额，《东方杂志》文章说“约费170万龙元”，《贪》文作者从其他材料中知道是“75万两白银”，这两者本来就存在矛盾，若思维缜密，当不难发现其问题。然而，《贪》文作者却将之混为一谈，说75万两银子“折换成龙元，有170万龙元之多”，却不知道两者根本就不相等，犯了常识性错误。

按照75万两白银折换成龙元为170万龙元的逻辑，1龙元应当折合0.44两银子。然而稍知经济史的人都知道，晚清的龙元虽然复杂多变，但1龙元的价值主要有折合白银0.72两和1两两种情况，而以折合0.72两白银（与墨西哥银元相似）为主，从未有过折合0.44两白银的情况。《东方杂志》文章中有“黄开甲承办国亭闻费45万龙元”的说法，黄开甲是本次世博会的中方副监督，负责“国亭”（相当于中国馆）的建造，其建国亭花费45万银子为众所周知，据此可以推论《东方杂志》文章中所说的“龙元”应该就是银子，170万龙元应该就是170万银子。这样，问题就出来了：中国为参加1904年的世博会到底花了多少银子？这些银子的具体用途是什么？到底是哪个环节存在贪污？《贪》文指控的海关洋员贪污是否有真凭实据？

1904年圣路易斯（St. Louis）世博会，清廷任命溥伦为正监督，黄开甲、柯尔乐为副监督。溥伦为皇族，爱新觉罗氏，贝子爵位。黄开甲是广东人，1872年中国第一批留美幼童，耶鲁大学肄业，回国后主要是在盛宣怀的手下工作，时为候补道台。柯尔乐（即《东方杂志》文章中的“阿乐尔”，《贪》文中的“柯乐尔”，但在清代官方文献中为“柯尔乐”）是美国南方人（其家乡就在圣路易斯或附近的州，这是他被推荐的重要原因），时任东海关税务司（《贪》文承袭《东方杂志》文章之误，说他是海关副税司），由赫德荐任。

75万银子的筹办经费是黄开甲、柯尔乐估算提出的。为了筹措这75万两银子，弄得举国骚动。先是清廷要求南北洋及有商务各省分筹，摊派直隶、江苏、广东、四川省各10万两，湖北、浙江各8万两，江西、安徽、湖南、山东各4万两，福建3万两。但各省督抚纷纷叫苦，说是拿不出钱来。四川总督岑春煊说10万两银子“实属力难筹解”，表示自己“无论如何为难，仍当极力腾挪”，但只能从昭信股票项下，“勉强挪凑银”2万两。浙江的8万两，护理浙江巡抚翁曾桂说浙江已是“库储罄洗，入不敷出”，自己只能“移缓就急”，“挪银二万两”。安徽的4万两，是动用了养廉银20620两、军饷银19380两。由于各省迟迟不能凑齐，在黄开甲动身前往美国建造国亭时，户部只能请江海关先行垫拨。

75万两银子的花费，主要分成三部分：溥伦支取15万两，用于其行程开支；黄开甲支取45万两，用于建造国亭；柯尔乐支取15万两，用于采办展物。

三项花费中，现在所知的最具体可靠的材料是溥伦的开支。溥伦回国后向主管世博事务的外务部（相当于现在外交部）呈报了详细的“出洋收支经费”，分为薪水、置装归装、礼物、川货、客寓、赏耗、捐款、杂费八项，一共花掉了153328.08两。

黄开甲支取的45万两银子爆出了中外皆知的大丑闻。根据事后各种猜测，黄开甲建造国亭实际上只用了四五万两，其余大部分被贪污。由晚清著名报人汪康年主办的《中外日报》于1904年9月5日刊登参会回国的某人的日记，说黄开甲“仅用极劣木料造卑小之中国房屋十余间，其外观颇类中国之小土地庙，而造屋土木各工皆由广东带去，价廉工贱，是以工料统数无论如何皆不出四万两之谱。随员等回国后痛恨黄开甲所为，遂谓其费不过数千金……”

黄开甲建国亭到底花了多少银子？现有三个材料：一、上述人士之说，“计实用美金二万七千余元，此外全数为黄开甲侵吞”。二、同一天的《中外日报》登出黄开甲被弹劾的新闻，说黄开甲建国亭“才用美币二万五千元，酬应贵人，约用数万元，余皆乾没为己有”。三、1904年第89期的《外交报》有评论文章说黄开甲“以值二万美金之房屋，报销四十五万两”。由这几条材料可知，黄开甲建国亭只花了25000美元或27000美元。当时1美元约值中国银子2

两，所以是5万两银子左右。这个数据能否相信呢？应该是可以相信的，因为次年列日世博会建国亭等花了约6万两，“规模宏壮，方驾列强”，而黄开甲所建质量不佳，曾经出现门窗损坏、漏雨而被迫停止开放等情况，质量比不上列日世博会，因此实际花费不应该超过列日世博会所费。

黄开甲领了45万两银子，建国亭实际上只用了5万两光景，其贪污如此明显，遭受御史弹劾、舆论指责都在情理之中。《中外日报》文章说，黄开甲“前次被人揭参，已派亲贵查办。闻黄开甲汇银十八万两入京，大约可以弥缝了事。现闻又有人续参，不知能彻底清查否？”《外交报》的文章说，“黄开甲以新进之微员，而敢侵吞巨款于千夫所指之地，事已发见，辄入十八万金于北方，而即可脱然无事”。由此可知，黄开甲贪污已为众所周知的事实，为了免受追究，他还曾向北京汇回18万两，大概有盛宣怀等人帮助说话，最终事情也就不了了之了。

与黄开甲贪污巨款情况明显相比，柯尔乐支取15万两银子置办参展物是否存在贪污情况则查无实据，《东方杂志》文章说“阿乐尔、巴士伯用项约45万龙元。承办赛品用费约45万龙元”显然不符史实。《贪》文不知实情，据之而得出“海关洋员如蝇嗜血”、“贪腐之巨到了肆无忌惮的地步”的结论，立论无据，其荒谬自不待言。据有些材料透露，柯尔乐置办展物，是委托上海於仁保险公司承办。那么柯尔乐到底是吃了回扣，还是与该公司合谋贪污？怀疑是可以的，要坐实却需要证据，但从现有材料来看，并没有柯尔乐贪污的确凿证据。

当年柯尔乐主持置办的中国参展物有不少小脚女人的缠足弓鞋、鸦片烟具等让中国人丢脸的“国粹”，因被外国人取笑，激起了海内外华人的不满和声讨。因此，柯尔乐置办中国参展物不当确属实情，但若论其有贪污行为，以现有史料来看，因缺乏确凿证据，按无罪推定、疑罪从无的法律精神，只能暂时宣判其无罪。

另一些新闻中，有中国商人指控柯尔乐及帮办巴士伯等刁难、勒索华商的说法，此事内情如何，到底是他们违规向中国商人收取参展场地费用（当时中国商人因其租用场地过小而不能完全展示货物，因而极为不满，存在中国商人要求增加展地而柯尔乐、巴士伯要求商人自己出钱的可能），还是有其他原因，尚不得其详。新闻中也有黄开甲的随员欧阳祺克扣华商钱财货物、中饱私囊的说法。

由此可知，指控1904年世博会中柯尔乐等海关洋员贪腐并无实据。其实，即便柯尔乐等人确有贪腐，也不足以证明晚清海关存在腐败，因而可以否定《衙门》一文的结论。因为柯尔乐、巴士伯等海关洋员在世博会中的作为是个人行为，而不是代表海关履行海关公务。1904年世博会中方已经取得主导权，中方有正副监督，柯尔乐等人只是被中方暂时委以主持展览事务之任，与海关事务无关。《衙门》一文针对的是晚清海关作为“衙门”这一官方机构为何从整体上杜绝了腐败，要否定《衙门》的结论，应该去找海关衙门事务的史料，而不应去找非海关衙门事务的材料。

清代官场，特别是税关贪污腐败的史料俯拾即是、不胜枚举（笔者著有《亚财政》一书，书中便有一篇文章是专门讨论清代税关腐败现象及粤海关腐败对鸦片战争起因的重大影响的），赫德控制下的晚清中国海关却找不出几个贪污腐败的例子。据统计，在赫德近半个世纪的任期期间，挪用海关资金等涉嫌贪污的案件不超过5起。

晚清中国税关存在常关、洋关的区别，两者实行不同的管理制度，可谓“一国两制”，而制度绩效的比较是显而易见的。在晚清贪腐遍地的中国，赫德领导下的海关却基本上杜绝了腐败，两者形成的鲜明对比就非常值得研究了，其对当代反腐的借鉴意义也就非常值得重视了。只要想一想为什么晚清海关已经基本上杜绝了腐败，当代的海关却有“远华案”之类触目惊心的腐败，晚清海关的反贪经验就值得去好好研究和总结了。

各级政府财权、事权须相称

清代道光年间的学者沈垚，在一篇文章里面发了一通议论："唐时州县兴造之事，听长吏自为，宋后动须上请，一钱以上州县不得擅用，所请不能称所需，则所作往往不坚固。"所谓"兴造"，用现在的话说，就是公共工程。按照沈垚的议论，唐代地方有公共工程需要建筑，地方主事官员（长吏）可以自己做决定，不必请示上级；而到了宋代，一钱银子也不得擅自使用，建一个小工程也需要层层打报告，报告打上去即使能够批下来，给的钱也往往不够，这样动工之后只好马虎对付，结果便是工程质量不过硬——"所作往往不坚固"。

沈垚的这段话本是无心而发，但实际上触碰到了中国历史的一个核心问题：中央—地方关系，特别是财权和事权的分配问题。

为何宋以前可以，而宋以后"一钱以上州县不得擅用"呢？众所周知，这是因为宋代加强了中央集权。用朱熹的话说，是"本朝鉴五代藩镇之弊，兵也收了，财也收了，赏罚刑政，一切收了"。鉴于唐代地方权力过大导致藩镇割据的教训，宋代立国之初就进行了制度设计，把兵权、财权等权力都收归中央。这个制度设计效果良好，宋代的确没有再出现唐代的情况。不仅如此，宋以后的各朝继承宋代的做法，也再没有出现地方割据的情况。但是，任何制度设计都不可能完美，加强中央集权的种种措施也有不好的后遗症。上述沈垚所说的公共工程质量问题是一个方面，更严重的还是朱熹所指出的那样："一切收了"之后，"州郡遂日就困弱"，导致"靖康之役，虏骑所过，莫不溃散"——由于地方没有权力，敌人打过来的时候，无法有效组织抵抗力量，导致地方政府在紧要关头无法保家卫国。所以，在一定意义上说，北宋的灭亡与过分中央集权的制度设计不无关系。

中央要能管住地方，拽紧地方的钱袋子是一大要害。从历史经验说，中央要有权威，必须抓紧财权。西汉的“七国之乱”之所以由吴王刘濞发起，原因就在于西汉初期的制度设计，封国拥有独立的财权，而刘濞的封国“有铸钱、煮盐之利”，财政力量较强。有钱可以驱使他人卖命，组织军队也就只是振臂一呼的事。唐代中后期的政治混乱，也与藩镇拥有独立的财权有关。所以，要限制地方，限制财权是关键。宋代建国者深谙此中玄机，所以在制度设计时把收财权作为重要的举措。明清沿其思路，地方上除了官吏的基本工资及其他极少数的必要花销之外，其余税收全部上缴，归中央支配。这正是沈垚所说“一钱以上州县不得擅用”的历史大背景。

从历史经验来看，中央不收紧财权不行，所谓“一放就乱”，但收得太紧也不行，所谓“一收就死”，这二者如何平衡就成为中国政治制度设计的难题。新中国成立后几十年来的实践，显示这一问题仍然存在。改革开放在一定意义上说就是“放权让利”，“放权让利”的一个体现就是地方在财权上开始拥有较大的自主权，20世纪80年代实施了“分灶吃饭”和“财政大包干”的体制，中央与地方博弈的结果是中央财政收入占财政总收入的比例一路下滑，从1984年的40.5%下滑到1993年的22%，以致中央政府捉襟见肘，无力办全局性的大事，这成为1994年开始实行的“分税制”改革的动力。

“分税制”改革之后，中央财力大大加强，中央收入占全国财政总收入中的比重回升到50%以上，但是随之一些深层次的问题也渐次显露，论者多认为与“分税制”导致地方财权、事权的不相称有关。由于教育、医疗、社会保障等公共事务支出主要由地方承担，而“分税制”下地方财权过小、财力不足，只能降低公共服务的质量，该支出的不支出（不该支出的却大大支出，如政绩工程、“三公”消费），或减少支出，或转移到民众头上。如义务教育经费，据国务院发展研究中心2002年调查，由乡镇、县、省、中央财政负担的比例分别是78%、9%、11%和不足2%，地方负担过多而又无力负担成为义务教育质量差的制度化原因。另一方面，地方财力不足就挖空心思找财源，对土地出让金依赖性过大则成为房地产业困境的深层原因。据统计，2001—2003年全国土地出让金合计9100多亿元、2004年为5894亿元，各约占同期全国地方财政收入的35%和47%；2005—2008年各年全国土地出让金分别为5505亿元、7677亿元、近1.3万亿元和9600多亿元，总体上呈快速增长趋势。房地产给地方政府带来巨大的财政收入的同时，还带来巨大的GDP拉动效应。GDP又是地方官员政绩的主要表现，由此可知地方政府对房地产业的看重和支持。

概而言之，地方政府在财权、事权不相称的情况下可能采取的对策，一是减少公共支出，二是增加财政收入。前者推卸了本应履行的公共责任，教育、医疗、社会保障等方面的欠账导因于此；后者异化了行为，为了“土地财政”的需要抵制中央的宏观调控、积极“救市”均与之有关。当然，上述两种策略也可以同时采用。归结起来，就是政府应尽的公共职责不能很好地履行，不该做的事却积极去做。因此，改变当前地方政府财权、事权不相称的现状，明确政府的公共职责，已经是亟须解决的问题了。

国家财政不能变成私家财政

清代的政治制度基本上是沿袭明代，这在史学中称为“清承明制”。但是，清代制度设计中也有一个重大的进步，就是区分了“国家”财政和皇室“私家”财政，有利于社会的有序运转。

明代及明代以前的中国历代王朝，皇室财政和国家财政是没有区分的，户部既管国家财政，也是皇帝的私人财库，皇帝要花钱，随时可以向户部支取——只要户部还拿得出钱的话。当一个皇帝乱花钱，或者皇室人太多而又奢靡浪费的时候，国家财政就要承受极大的压力，很容易变形乃至瘫痪，导致社会混乱。

皇帝个人乱花钱导致国家财政危机的现象在中国历史上不胜枚举，但毕竟一个人的奢靡浪费还是有限的，而皇室却是个庞大的群体，又是利益必须保障的特殊集团，他们的耗费对国家财政的冲击更为可怕。

以明代皇室而论，在建国初期不过几十个人，而到了万历年代，人口已近20万。日益膨胀的皇族宗室人口，成为国家财政的最大包袱，也成为明代中晚期最严重的社会问题。早在万历之前的嘉靖时期，已经有人把北虏、黄河、宗室看作社会的三大祸害。

按照明初的规定，藩王的禄米，亲王一年万石，但后来国家财政不堪重负，只好降低支付标准。但即便如此，嘉靖时代宗室禄米仍达853万石，超过全国财政收入的1/3。按照原先的设计，南方省份向北京提供400万石的漕米，北方省份向边境军队提供800万石的军粮。而宗室禄米居然超过了军粮，严重破坏了财政安全。其重要表现，是导致军饷无法正常发放、地方受灾无法救济，前者导致军队哗变，后者导致流民。另一方面，官方为了保证财政安全又加重税费征收，这又导致农民反抗。财政问题引发社会不稳定，致使社会发展陷入恶性循环，最终病入膏肓，无法挽救，明王朝在内外交迫下亡国。

基于明代的教训，解决皇室财政，让其独立于国家财政之外，避免其对国家财政安全造成的损害，是清代统治者要考虑的重大问题。清朝解决这一问题的办法，是成立内务府，专门管理皇室财政，与主管国家公共财政的户部分灶吃饭，各自保持相对的独立，互不干涉。户部通常只需要每年向内务府拨10万两银子，作为给皇帝的花销。其他情况下，皇帝无权要求户部向其拨钱，为了保持个人花钱有度、节俭爱民的“仁君”形象，皇帝一般也不会向户部提出这类要求。

内务府与户部分灶吃饭的制度设计，对清代财政的正常运转发挥了重要作用。一直到太平天国起义之前，清政府的财政一直保持着相对稳定的规模，各项收支运转也都比较正常。但是，这不意味着财政方面关系已经完全理顺，实际上仍然内含诸多问题。其中一个比较突出的问题是皇帝自己造成的，因为皇帝不便向户部伸手，他的个人花销受到了约束，只能想别的办法来弥补。

清代皇帝想了很多招数，其中一个办法，是让地方督抚大员交“议罚银”，所得除少数特例外，均“解交内务府充公”，汇入内务府财政。“议罚银”少则万两，通常三万两上下，最多的一例，是乾隆五十九年（1794年），两淮盐政全德被议罚交银38.4万两！

另一个办法是特派内务府人员主管盐政和税关，从商人那里榨取钱财。从清代皇帝的思维来看，农业是“本”，商业是“末”，为了保持社会稳定，不能随便加重农民负担，但向商人伸手，关系不大。所以，清代征收盐税和关税比较多的地方，多是皇帝自己特派内务府包衣（即清入关以前投靠的汉人）去管理。比如盐税，是两淮最多，那么两淮盐政肯定是内务府人员——比如曹雪芹的祖父曹寅，曾任这一职位，曹家就是包衣。而关税方面，以粤海关最多，那么粤海关监督在乾隆时代对外贸易额增长较快之后，就一直是内务府人员充当。

清代皇帝特派内务府人员出任征收商业税收较多的重要职位，目的之一就是通过非正式财政的渠道为内务府补血。内务府的奴才们在为内务府财政捞钱的同时，当然也不忘自己发财，这导致了商人负担的加重、商业秩序的混乱，以及商人与官方的冲突。特别是粤海关的捞钱做法，屡屡引发中英矛盾，对鸦片战争的爆发有着不可忽视的影响。

皇帝可以让地方大员交“议罚银”，又可以通过委派内务府人员掌控盐税、关税而获得好处，这保证了内务府财政的有效运转，但地方官吏从国家财政中所取得的正式收入极其有限，他们必然要想方设法谋求灰色收入及贪污受贿，这就导致了他们在征税时的浮收现象，以及司法不公等问题，这既使基层运转不正常，也加剧了官民冲突。

所以，尽管清代内务府财政和户部财政分家的做法有利于解决明代财政制度的重大缺陷，但问题解决得不够彻底，仍然埋有导致社会混乱的重大隐患。另外，尽管清代皇帝不能随便向户部要钱，但这毕竟不是刚性约束，一个广为人知的事实是，慈禧曾向户部要钱修建供她晚年享乐的颐和园，因此挪用和侵占北洋海军军费，成为甲午战败的原因之一。

但是，不管怎么说，清代内务府财政和户部财政分家的做法，要比明代财政制度更符合现代国家财政的要求，因此清代的社会乱象不如明代那么严重。明代皇室成为国家财政严重负担，皇帝派太监到全国各地征税，弄得全国上下鸡飞狗跳的现象，在清代再也没有出现，这不能不说是一个历史进步。

中外历史上无数的史实说明，财政制度缺陷，是许多社会乱象的深层根源。要减少社会乱象，必须使财政符合现代国家的要求。而要达到这一目标，第一重要的是要区分“国家”财政与皇室“私家”财政，国家财政是用于提供公共服务的，而“私家”财政只代表小集团的特殊利益，两者不能混淆，必须用明确的制度区分二者，避免小集团利益凌驾公共利益之上，国家财政变成私家财政。

国富不一定代表国力强盛

按照16世纪法国思想家让·布丹的说法，财政乃是国家的神经。神经如果不正常，肌体功能就会紊乱，不能正常发挥作用，损害身体健康。作为国家神经的财政，如果不够正常，就会造成社会运行的紊乱，损害社会肌体的健康。

财政的问题，主要是财政的收和支的问题。正常的财政，在收的方面要取之有度，避免损伤民力；在支的方面要用得其所，为增进公共利益服务。

在财政收入方面，有一种观点认为财政收入越高，国家对财富的控制越强，国力也就越强。这种观点缺乏历史经验的支持，实际上，财政收入越高并不意味着国力越强。

以18世纪中期的英国和中国为例，英国1750年财政收入是920万镑，大清帝国乾隆十八年（1753年）的财政收入是4069万两（不计400多万石漕粮等实物收入），按1英镑值中国银子3两计算，英国财政收入只有中国的70%光景，但是不是说大清帝国的国势就一定超过英国呢？

1750年的英国，正在工业革命前夕，国势蒸蒸日上，社会发展正在酝酿着强劲的前进趋势，国力在欧洲已处于领先地位，在与欧洲各国的战争中胜多败少。此时的大清帝国虽然达到了“康乾盛世”的鼎盛时期，但社会发展的趋势却是停滞不前，处于“万马齐喑”的状态，国内矛盾积累越来越多，官民冲突日趋激烈。如果仅就财政收入而言，大清帝国自然高于英国，要算经济总量，大清帝国也高于英国，但就国力而言，恐怕很难说一定比英国强，若就发展潜力而论更是远逊于英国。

如果说大清帝国和英国是两种社会类型，财政缺乏可比性，那么社会情况相近的英、法两国的比较则较有说服力，但比较的结论也不支持财政收入高国力就强的观点。1680年，英国财政收入是212万镑，法国是480万镑；1750年，则分别是920万镑和1420万镑。可见从1680年到1750年，法国财政收入一直超过英国，但法国的国力却未见得就比英国强盛。这个时期的英国已完成政治革命，为经济革命奠定了雄厚的基础，社会进步明显，发展潜力无限；而法国正在大革命的前夕，社会危机重重，发展潜力远不如英国明显。这个时期中英、法两国的战争，也以英国的胜算面为大一些。

财政问题的关键其实不在财政收入数额，而在财政支出的实际效果。以鸦片战争前夕的中英双方军费支出为例，1834年英国陆军军费6493925镑，海军军费4503910镑，合计共10997835镑，占财政支出总额53441955镑的大约20%。而当年的大清帝国军费，大约是2000万两银子，占国家财政支出的约50%。

从财政支出的效果而言，英国用一年450余万镑、不足9%的财政支出建立了世界第一强的海军，而大清帝国一年花费2000余万两银子建立的军队却根本就没有战斗力。大清帝国养了80万军队，但军队腐败，训练废弛，装备落后，在十几年后被太平天国起义军打得几乎没有还手之力，需要依靠曾国藩、李鸿章组织的湘军、淮军才挽回危局，可见其财政支出的效果极低，与英国相比根本就不能相提并论。

此外，据茅海建先生的研究，第一次鸦片战争中方军费用了约3000万两银子，而英方只用了大约421万镑（约值中国银子1263万两），相当于中方的40%。结果却是英方全胜，也可以看出英国的财政支出效果远高于大清政府。

不仅如此，1894年甲午战争之时，大清帝国的财政收入大致是日本的两倍，结果还是战败了。如果历史经验还有借鉴价值，那么可以得出的结论是，财政收入总额不完全代表国力，财政收入越高也不一定意味着国力就越强盛，关键的问题还是在于财政支出的实际效果。

国家财政是从社会汲取财富，这些财富如果用于提升公共产品的品质、推动经济的发展、用财政手段调节社会公平、建设强大的国防力量等，那么财政收入增加未必不是好事。如果财政支出不为这些目的，而是被贪污腐败、铺张浪费所虚耗，用而不得其所，所起效果极差，那就肯定不是好事，只会导致社会运行神经紊乱，对社会进步有害而无益。

遏制特殊利益集团是经济繁荣的前提

世界历史上有些国家的经济曾经健康发展，长期保持繁荣，而另一些国家的经济则相反，难以健康发展，即使有过繁荣，也如昙花一现，不能持久，这中间有何奥秘呢？

美国著名学者奥尔森认为，在一个社会里，存在许多利益集团——为实现某种特定的群体利益而采取集体行动的组织。利益集团的存在是为了谋求利益，其谋利的方式，往往是“分蛋糕”和“抢瓷器”式的。所谓“分蛋糕”，是说他们不是通过采取增加全社会的总体利益从而使自己在总利益中的份额随之增加的方式来进行，而是不增加全社会的总体利益，仅是争取在社会总利益中得到更多的份额。为此，他们如同到商店去抢瓷器，为了多抢一只瓷器，不惜打碎两只瓷器。由于利益集团关心的只是本集团的“特殊利益”，他们谋利所采取的往往是类似于“抢瓷器”这样的使社会总体利益减少的方式，而不是采取能够增加社会“普遍利益”的投资、创新等有利于经济发展的行为，他们的活动还使得整个社会把更多的资源和精力投注在再分配活动上，所以会降低社会效率和总收入，实际上成为经济增长的阻碍力量。因此，要使经济健康发展，长期繁荣，必须遏制特殊利益集团的活动。这一点，在中国历史上不乏案例，而以清代海关的例子最为典型。

清代在康熙时代曾设有四个海关：粤海关、闽海关、浙海关和江海关。外国商人可以前往四地贸易，这是“四口通商”时期。雍正四年（1726年）三月，福建巡抚毛文铨向雍正汇报福建海关的情形时，分析了此前十几年到福建来的外国商船越来越少，甚至“数年以来，竟绝无一至”的原因。毛巡抚分析说，外国商船不愿到福建来，是因为福建的衙门需索陋规太厉害，一只载货值百万两银子光景的商船，总督、巡抚、提督、总兵等几大衙门先要各自勒索陋规到五六千两银子，下面的各级文武官吏各种各样的勒索还没有计算进去，外商们听说了这种情况，就都不敢来了。在这个事例中我们看到：福建各级官吏为了自身的“特殊利益”（历史上称为“陋规”）而导致商业活动无法正常进行。番船不敢在福建停泊，对外贸易无法进行，福建的地方经济自然大受影响，地方繁荣就成了无源之水。据毛巡抚的进一步分析，福建是山海之区，靠对外贸易谋生的老百姓不少，如今外贸受阻，他们的生计必受影响，没了生计的人不免铤而走险，这样社会问题也就增多了。由此可知，福建官吏们的行为不仅阻碍了地方经济的发展，而且成了社会矛盾酝酿的潜在因素。

福建官吏为了追求本集团的“特殊利益”，对经济、社会发展的不利影响已经够大了，但是比之广东粤海关官吏对中国历史造成的负面影响来说，还算不上什么。

清代乾隆时期的海关政策有一个重大的调整：变“四口通商”为“单口通商”。在“四口通商”时期，外国商船不敢去福建了，后来大多前往广州的粤海关贸易，但是在粤海关贸易久了，情况越来越像福建，外国商人觉得难以忍受，于是他们前往宁波，准备探寻不去广州贸易的方案。这种做法引起了广东官员的恐慌，他们想阻挠这种行为。刚开始的时候，广东官方向皇帝提出的建议是向前往宁波浙海关贸易的外国商船征收比广州粤海关多一倍的关税。但是外国商人还是宁肯去宁波。在经济政策调节无效的情况下，乾隆下令关闭其他三个海关，只留下一个粤海关。

“单口通商”政策对中国历史走向造成了极其恶劣的影响，使中国丧失了发展海外贸易、融入世界经济大格局的机会，也成为鸦片战争失败的远因。而追究这个政策出台的原因，则主要是利益集团对乾隆做了游说的工作，使乾隆做出了违背历史潮流的判断。这个利益集团，包括粤海关官吏、广东官方以及北京以内务府为中心的一大批人。

清代粤海关的监督（监督类似现在的关长）大部分是包衣。所谓包衣，就是清入关之前的汉人家奴。负责皇室生活的内务府基本上由包衣掌握，包衣与皇帝有很多接近的机会，他们的女人可能充当皇帝的乳母或保姆，而女儿则可能通过选秀女的方式进入皇宫，成为妃子，所以包衣与皇室有着千丝万缕的联系，这是一个与皇室关系密切的特殊利益集团。

清代皇帝把粤海关监督这个帝国官场油水最多的职位“恩赐”给包衣作为他们“辛劳”服务的奖赏，而粤海关监督则负有特殊的使命，除了向皇帝秘密汇报地方情形之外，还为皇帝、妃子、内务府、京中显贵置办“进上方物”、稀有洋货及各式西洋珍奇玩意，而花的钱主要靠自己筹集。粤海关监督当然不会自己掏腰包，他只能向外国商船和广东十三行行商索取“陋规”，其名目有“火耗”、“船规”、“分头”、“缴送”、“担规”等等，不胜枚举。为此，他们希望对外贸易最好只在广州进行，因为这样能够弄到更多的钱，而京中那些人由于利益攸关，自然支持这样的主张。当他们编织为了“国家利益”而对外贸易只应在广州进行的动听理由之后，乾隆据此做出了“单口通商”的错误决策。

历史经验表明，特殊利益集团为了自身私利不惜牺牲社会总体利益，甚至“绑架”国家，因此，遏制特殊利益集团的活动，是经济健康发展、长期繁荣的前提。

乱在基层，根在上层

中国历史上有一个值得关注的现象，那就是基层乱象迭出，官民冲突不断，而上层则似乎有序得多，不像基层那么乱象纷呈。这个现象，用现在的话说，是损害群众利益的不正之风多发生在基层。

基层“特别乱”的这种现象到底是什么原因造成的？是基层官员素质不如上层，还是山高皇帝远，基层权力难以约束？也许这些原因都存在，但大概不是根本的原因。这一点，有一个案例很能说明问题。

清代道光元年（1821年）和次年，湖南省长沙府醴陵县发生了一件引人注目的事件。因该案由醴陵县令征收漕粮引起，故可称之为醴陵漕案。

漕粮，就是通过水路运往京城的粮食。明清时代建都北京，为保京城粮食安全，需南粮北调，湖南是有征漕任务的八个省份之一，醴陵则是湖南有征漕任务的县份之一。

嘉庆二十五年（1820年），一个名叫王述徽的人出任醴陵（代理）县令，到任后要求：本年起交纳漕粮一石，需同时交“外费银”三两六钱银子。所谓“外费”，就是额外花费，实即税外收费。按照当时当地的粮价，一石米大约值一两银子，外费银高达三两六钱，税外收费是正式税收的三四倍。老百姓要求王县令减免而不得，于是开始上访，到上级衙门去控告。但是湖南省内各级衙门告不下来，于是推选上访代表到北京告状。皇帝最终知道了此事，下了批示，王县令被撤职，但问题还是得批回湖南处理，到了湖南，审理的结果却说是诬告，上访代表要充军。

王县令解职之后，金县令接任，但是“外费银”并没有减免，照收如故，于是发生被官方定性为“抗漕”——老百姓抗拒交纳漕粮的群体性事件。“抗漕”是大罪，官方要抓人，当地组织起来抗拒官兵，还打死了一个兵丁，事情就越闹越大，官方出动军队镇压，因此成为一个大案，前前后后有近30个人因此殒命——其中有好几位还是有功名的生员（举人、贡生、监生、秀才）。

醴陵漕案所呈现的基层乱象非常典型。对于醴陵老百姓来说，最可痛恨的自然是王县令和金县令。两任县令征收高得离谱的“外费银”，一点都不爱惜老百姓，自然是应受谴责的贪官污吏。然而，问题并不如此简单。关键在于：王县令和金县令所收的那些“外费银”到哪里去了？是王县令和金县令自己贪污了吗？

只有弄清楚“外费银”的去向，才能看清问题的本质。

醴陵征漕任务是约6000石，按照一石漕粮征收三两六钱“外费银”的标准来算，税外收费为二万余两。那么，这些银子到底落到谁的腰包里了呢？可以知道的是，其流向至少有四个方面：“分润上司，曰‘漕馆’。州县所得，曰‘漕余’。分肥劣衿，曰‘漕口’。酌给船划，曰‘水脚’。”那么，各方面的具体数额又是多少呢？

一、“漕馆”——给上司及属员的好处，如知府是顶头上司，一个人就要送600两，其他知府、道台、省里各衙门官员约有上百人，书吏和其他工作人员则为数更多，算下来，大约要上万两银子。二、“水脚”——就是运输所费的水力和脚力，相当于给运送漕粮的人员（运丁）的劳务费，这个费用可不低，6000石漕粮需要八条船装运，一条船大约需七八百两银子，所以这项费用需要五六千两。三、“漕口”，类似给当地“劣衿”——品质低劣的生员们的封口费，因为收取“外费银”违反规定，不给封口费，这些人有文化，会向上级反映情况，会惹出事来。四、“漕余”，也就是余下来归县令自己所得的那部分，实际恐怕已经无多了。

在官场中，县令处于最底层，上司和上级衙门的工作人员自然是得罪不起的，所以“漕馆”是必须交的；“水脚”也是不得不交的，因为从醴陵到北京数千里水程，路上环节众多，“水脚”的绝大部分成了打点验漕、收漕等环节的管理费。据调查，当时湖南漕帮（漕船编队为帮）从湖南到北京要交纳47项费用，分为“南账”（江苏淮安以南，淮安为运送漕粮的京杭大运河的枢纽，漕运总督驻节于此）和“北账”（淮安以北）。“北账”当中，光是漕粮运抵北京通州之后检验米的数量、质量是否达标的检验费——“过斛银”，每条船就高达30两银子。这些“南账”和“北账”，是运送漕粮的运丁必须交的“账”，他们不可能自己交钱，而只能向县令伸手要。县令当然可以不给，但是不给漕船就不开走，不按时开走就会误了日期，误了运送漕粮日期就是“误漕”，而“误漕”威胁到北京的粮食安全，小小的县令是当不起这样的重大责任的，丢官几乎是百分百的事，所以县令是不能不给“水脚”的。县令也可以向上级反映情况，可是湖南省内最大的不过是巡抚，而湖南巡抚是管不了淮安和通州与漕运有关的诸多衙门向运丁勒索钱财的，所以县令告状也是没有用的。

社会是复杂的系统，每个人担任不同的角色，担负不同的职责。政府内部，同样也有角色分工。要把漕粮运送到北京，涉及收、运、储等各个环节。因此，漕运关系几大系统，有各自的职责：除了地方行政的征粮系统，还有负责运送的漕运衙门系统，储藏粮食的仓场系统，保障漕粮运输安全和运道（京杭大运河）管理的军队系统，以及与之相关的黄河、淮河治理的河道衙门系统。这些系统中，除了收粮的地方行政系统，其他系统都大多只有事权（保证漕粮安全），而没有向老百姓捞钱的机会，所以他们的“福利”只能由征粮系统提供，故而“创收”的责任，最终只能落在负责征粮的基层官员身上。换句话说，就是贪腐的“责任”在县令，其他系统只涉及贪腐财物在官场的内部分配问题。这才是醴陵漕案的深层原因，可能也是基层乱象迭出、官民冲突频发的根本原因。

在政府内部，事权往往是由基层担负的。上层管理基层，而不直接对民，所以一般来说也不会发生百姓和政府上层的直接冲突。但是，基层的乱象和官民冲突，显然与基层与上层的政治规则有关。如果不能明确各级政府的权和责，在下级对上级负责、下级命运（政绩评定、升降荣辱等等）完全掌握在上级手中的政治规则中，弱势的下级为了卸责或升迁，必然会利用各种机会讨好上级，财富也必然会通过暗流从下级流向上级，在官场内部实行再分配，而财富的最终源头，必然是基层贪腐。这样，我们就不难明白，要根治基层乱象，除了从设计政治规则入手，其他的措施恐怕都是治标而不治本的。

专制之下无善政

公元1644年，岁在甲申。三月十九日，李自成进入紫禁城，崇祯煤山自缢，大明王朝灭亡。大约一百天后的七月初八日，入关的清政权发布诏令，指责明王朝行“弊政”、“疵政”，加派“三饷”害民：“前朝弊政，厉民最甚者，莫如加派辽饷，以致民穷盗起，而复加剿饷，再为各边抽练，而后加练饷。惟此三饷，数倍正供，苦累小民，剔脂刮髓”。

此外，官方“召买粮料”只给百姓市场价格的1/5，交纳衙门之时“又有奸人包揽，猾胥抑勒，是三饷以外重增一倍，催科巧取殃民，尤为疵政”。在“弊政”、“疵政”之下，“百姓困穷”，没有活路了。既然明王朝让老百姓活不下去，那么，它就不配享有上苍的眷顾，灭亡就是理所当然的事了。

中国历代封建王朝，后来者往往指责前朝行“弊政”、“疵政”而失去天意、民心，自己取而代之，简直是替天行道、为民作主。然而，这类言辞不过是为争天下而制造的舆论，是一种争取民心的统战技巧罢了。

除了指责前朝不能善待老百姓，这类统战策略更重要的还是要开出一张空头支票：承诺本朝将让老百姓过上好日子。所以，这份诏令前面指责明王朝“三饷”害民，后面就是宣布“我朝革命，首除三饷，与民休息”，从本年开始，“凡正额之外一切加派，如辽饷、剿饷、练饷及召买米豆，尽行蠲免”。

在中国古代的皇权专制之下，当国者的统治合法性不是建立在民众同意的基础之上，它只能通过给民众以经济实惠，或者说，限制政治权利而通过经济权利来弥补。而经济权利的弥补方式，又只能是轻徭薄赋的“善政”（或曰“仁政”、“德政”）。但实际上，皇权专制之下不可能有真正的“善政”。许多史料证明，清政权虽然发布了废除“三饷”诏书，但“三饷”至少是辽饷实际上并没有被废除。

除了这份诏书，清代最引人注目的“善政”举措，是康熙五十一年（1712

年）宣布“永不加赋”。那么，清代做到“永不加赋”了吗？“永不加赋”是针对农业税而言的，从历史记载来看，清代在相当长的一个时期内（从康熙后期到太平天国运动之前），农业税保持了一个定额，的确没有增长。但是，这只是正式税收，而不是指老百姓的实际负担。实际负担，除了正式税收，还有非正式税收，即税外收费。

康熙时代，税外收费已经很严重了。一位名叫陆世仪的官员曾经议论说：“朝廷岁漕江南四百万石，而江南则岁出一千四百万石。四百万石未必尽归朝廷，而一千万石常供官、旗及诸色蠹恶之口腹。”漕粮的正式税额是400万石，但老百姓的实际负担却高达1400万石，这多负担的1000万石，只能算是加赋，而且远远高出正式税额。所以，即使国家正式税收没有增加，都不能说明没有加赋。更何况到了晚清，面对财政压力，国家正式征收的各种农业附加税远超正式税收，如四川在康熙后期的田赋正额不到67万两银子，而到了清末则实征420余万两，“永不加赋”的祖训早就忘得一干二净了。

康熙是一个爱面子的人，为了博一个仁政爱民的美名，一方面宣布“永不加赋”，一方面对官吏税外收费睁一只眼闭一只眼。到了雍正接过权力棒，他觉得不能再听任地方官员们胡作非为，而要定一个规矩，限制征收额，同时改费为税，这就是“火耗归公”改革。这项改革在开始的时候就受到了质疑，因为“火耗”的性质是“加赋”，“归公”等于承认了“加赋”的合法性，而这是与“永不加赋”的承诺相违背的。

质疑者说：“今日正赋之外，又加正赋，将来恐耗羡之外，又加耗羡。”这个质疑后来一再得到验证，雍正之后，乾隆、嘉庆、道光在接位之初，都有官员提出类似“火耗归公”的建议，实际原因，就是费改税后，又有新费产生，越改越多，这就是“黄宗羲定律”。

客观地说，社会在发展，物价在提升，一个王朝不加赋是应对不了社会变化的，所以，关键的地方不在是否加赋，而在加的赋用到什么地方去了，是为增加公共服务，还是为官吏个人私利？应该反对的，是后者。而中国历史上的加赋，恰恰是为了后者。

中国古代从皇帝的圣旨，到儒家学说，都一直在讲要行善政，然而善政却一直如镜花水月，无法兑现。此中缘由何在？对此，梁启超看得很透彻，他指出这种思想存在一个致命弱点：儒家论善政“只能当如是，而无术使之必如是”。说到底，他们论证的只是理应施行善政，而对当政者不施行善政应该怎么办却束手无策。要实现真正的善政，靠的显然不是当政者的善意或承诺，而是要有使之必须行善政的制度安排。

乾隆为何治不了贪腐

明清两代，皇帝的生日是个全国性的节日，称为万寿节。万寿节时，王公大臣要向皇帝祝贺并呈献礼物。除皇上的万寿节外，上元（即元宵）、端午、中秋、冬至、元旦（旧历正月初一），以及皇太后生日也是万寿节，皇后的生日是千秋节，这些节日也常常要送礼。

送礼要花钱。送给皇帝的礼物不说无价之宝，至少也应该是稀有值钱之物。那么，置办这些礼物的钱从哪里来？总督、巡抚们想到的一个常见办法是摊派到下属官员，不仅收上来的钱足够备办礼物，而且常常还有多余，趁此机会可以大捞一把。

乾隆二十二年（1757年），云贵总督恒文和云南巡抚郭一裕商量购买黄金制造金手炉送给皇帝作礼物。他们把收购黄金的任务派给云南各府州县官员。当黄金收上来的时候，他们给的钱却人人低于市场价，比如市面上黄金一两换14两银子，而他们只给10两，这4两银子的差价就得各府州县官员自己出，这实际上是一种摊派。各府州县官员对总督、巡抚自然不敢说什么，但他们自然也不愿吃亏，就把负担转嫁给商民，结果民怨沸腾，事情闹大，郭一裕看情势不好，便先揭发了恒文，中央派专案组去云南调查，最后郭一裕被免职，恒文被赐自尽。

乾隆时代，像恒文、郭一裕之类的做法很普遍。陕甘总督勒尔谨以给皇帝送礼为名，每年收受甘肃兰州府皋兰县知县提供的帮助置办礼物银二三千两，但他每年所送的礼在乾隆看来“不过值银数百两”，乾隆严厉斥问勒尔谨：“你借此名色，皋兰一县就收他二三千两，其余州县自然多有帮办”，这显然符合实情，勒尔谨不可能只向皋兰县知县要钱。乾隆对此颇为恼火，是因为勒尔谨这样做等于败坏了他的名声，都说是凑钱给皇上买礼物，结果皇上没有得到多少像样礼物，倒是肥了勒尔谨自己。但像勒尔谨“借此各色向属员勒索”

的确已是官场通行做法，闽浙总督伍拉纳被抓起来后，就承认“我们并不自己出资买办物件，乃婪索多银肥囊橐”。

乾隆治理贪污腐败，被公认是清代历朝中决心最大、执法最严、惩处高官最多的。决心最大、执法最严体现在法律适用上，乾隆以前规定贪污白银达到千两要被处斩，但如果在限期内将赃银全部赔缴的话，可以减等处罚，免于一死，乾隆废除了这条规定，要求不能减等免死。乾隆年间被惩处高官之多也为历史少见，据统计，仅总督、巡抚因为腐败问题而被立案查处者的就有30多起，因此而丢命的高官约有20名。

但是，贪腐能否被扼制显然不由乾隆的决心所定。乾隆自己也许没有想到，也许是不愿承认，他自己就是腐败的重要源头。晚清学者薛福成分析说：“高宗（乾隆）英明，执法未尝不严”，“然诛殛愈众，而贪风愈甚”，究其原因，“非其时人性独贪也，盖有在内隐为驱迫，使不得不贪也”。既然皇帝决定高官们的命运，高官们就必然要想尽一切办法向皇帝邀宠、固宠，而送礼无疑是邀宠、固宠的重要手段。礼物不珍贵稀有又难入皇帝法眼，而珍贵稀有的礼物需花大价钱置办，这样就迫使高官们向属下收取“帮办钱”。

对于属下来说，高官决定他们的命运，所谓“州县之畏督抚，过于畏皇法”，他们势必以高官对皇帝的心态来对待他们的上司，一方面他们得积极响应上司们“帮办”的要求，另一方面他们也把上司生日当作当地官场的节日，逢年过节都要积极向上司们送礼以获取他们的好感。但是他们又不可能拿自己有限的法定收入来支付“帮办”和送礼的费用，势必要巧立名目向老百姓敛钱。这样，腐败就是体制性的，尽管禁贪措施不断出台，但贪风却愈演愈烈，扼制腐败只能是喊喊口号而已。

一般认为，作为最高统治者的皇帝为了权力能够代代传承这一长远利益会惩治腐败，他们惩治腐败的决心不是假的。但是，有决心惩治腐败和能不能治理腐败是两回事。治理腐败靠权力监督，而最难监督的是最高权力，所以近现代世界政治文明的发展以约束国王最高权力的分权制度设计为主线，最高权力被约束即意味着民主制度的建立，这属于常识。但乾隆缺乏这种常识，乾隆式的最高权力者也不会认同这一常识，当然他们更不认为官员腐败与自己有关，这就是大清帝国式反腐总是动作大、收效微的原因所在。

黑夜巧取是强盗，白天豪夺乃官家

大约100年前，越南流行一个格言："黑夜巧取是强盗，白天豪夺乃官家。"

这个格言蕴含的意思是，强盗与官家并无实质区别，官家甚至比强盗更恶劣，因为强盗要在黑夜里偷偷摸摸，官家却可以大白天公开行动；强盗的行为是非法的，官家的行动却是合法的；官家是合法的强盗，比非法的强盗更可怕。

格言常常是民间智慧的体现。这个格言体现的智慧让人惊讶：其简洁有力，超过了学者们烦琐复杂的论证；其认识，比学者们早了100年。

国内学者吴思在2003年出版的《血酬定律》一书中，提出过一套"血酬史观"：土匪（强盗）发现掠夺过度会导致收入下降，如果改用保护掠夺对象，向其征收一定的税费，反而能使自己的收入更稳定、更有保证，于是土匪放弃掠夺，建立起征收税费的制度和法规，这样土匪的身份也就相应地变成了统治者，所收的保护费也变成了公共税收，它减去公共开支的剩余，就成为被统治者侵吞的"法酬"。"法酬"在理论上是土匪流血拼命换取的酬报——"血酬"的转化形式。这个规律，叫做"血酬定律"。

而早在20年前，美国学者曼瑟尔·奥尔森就提出他的"匪帮理论"，即匪徒（强盗）为了利益的稳定化和长期化，改变劫掠策略，变无度掠夺为有限制掠夺，提供一定量的秩序和公共物品，于是从"流窜匪帮"转变成"常驻匪帮"。

吴思"血酬定律"与奥尔森"匪帮理论"异曲同工，英雄所见略同。然而，他们在近20年中通过研究发现的理论，百年前的越南老百姓，就已经通过现实生活得出类似的结论了。那么，越南人到底遭遇了什么，使得他们有如此深刻的感悟，产生让百年后思想界还认为因其创造性、启发性，而觉得了不起的思想呢？

百年前的越南，正处在法国的殖民统治之下。传统的越南宫廷，让位于殖民政府。“一个拥有远比其所取代的传统政权发达的行政能力和官僚势力范围的殖民地政权，为了一个不断增长的行政系统的财政需要，而向农业经济榨取税款。”1888—1896年间，在册村民的人头税从14生丁增加到40生丁，对非在册的人头税从零增加到40生丁，稻田税增加了50%，间接税翻了一番。

为了增加财政收入，法国殖民政府还对米酒、食盐等基本生活消费品，实行严厉、苛刻的国家垄断，直接控制生产与消费，以榨取民财。米酒在越南是基本生活消费品，除了饮用，还用于社交、礼仪、庆祝场合，大多数家庭或是自酿，或向邻近专门酿酒的村民购买。然而，法国殖民政府对之实行生产、销售许可证制度，导致酒价不断飙升，1906年，一升酒的价格即从五六生丁涨到29生丁。

食盐也是生活必需品，在越南的炎热气候条件下，不仅对补充每天的正常损耗是必要的，还是干鱼保藏和发酵辛辣调味品（越南称之为nuoc-mam）的必备材料，但殖民政府也对之实行生产、销售许可证制度，结果食盐价格从1892年到1907年间几乎增加了5倍。盐是在当地生产的，但当地人却买不起盐，于是不得不把鱼扔回海里，或任其腐烂。

“没有一种税，法国殖民者是不增加的”。在殖民政府重税盘剥之下，越南人越来越感到所谓的政府其实比强盗更不如。“汇寄税款截止日期的前一周，有时就是一个赤裸裸的恐怖时期。个人物品被抢走并被当场拍卖，抗拒者遭到殴打，而其他人则被投入监狱，直至其家人前来纳税。高官显贵没有任何道理的盘剥，在大众文化中留下了大量痛苦的情绪”。“黑夜巧取是强盗，白天豪夺乃官家”的格言，便是对残酷生存体验的经验总结。

关于国家的起源问题，学界主要有两种思想：一是契约论，即社会成员预见到国家所带来的收益而共同达成契约来建立国家；一是掠夺论，认为垄断暴力的国家是“一个阶级掠夺另一个阶级的工具”。

这两种思想各有其说服力，但又都有解释不了的地方。如果说国家既是契约的产物，同时又有掠夺的潜能，也许更符合历史的实际。所以关键的问题是，怎么样让国家按其与人民签订的契约运行，将其掠夺的潜能压制下去。人类政治文明的发展，其实就是在探寻这样的方案。

专制君主不会有长期理性

封建时代的帝王们，真的会为了江山代代相传而从长远谋划、殚精竭虑、励精图治吗？有研究表明，这只是一种假设，经不起历史事实的验证。

美国哈佛大学教授安德烈·施莱弗（Andrei Shleifer）做过一项研究，他通过对1066年至1702年英国王位的继承状况的统计分析，发现31位君主中，包括历代英格兰国王、女王及英国革命期间的独裁者克伦威尔，有18位君主在去世前后出现了异常的继任情况，继任者通过篡位或者不正当的手段获得王位的情况相当普遍，英国的王位要通过和平方式传给君主的合法孙子或者其他的第二代继承人，可能性只有22%。

施莱弗得出结论说："王位继承上的不稳定性使君主们难以保持长远眼光，他们对自己的儿子是否能够继任并没有把握，连有没有孙子都需要担心，如何能够为自己的曾孙所统治的国家进行长远打算呢？英格兰并不是例外，绝大多数欧洲国家的王位是不安全的。即使某个王朝希望给统治者的继承人留下一个繁荣的经济，但战争的现实需要，却往往会打碎这种梦想。"

英国受基督教影响，婚姻实行一夫一妻制。受此限制，英格兰的君主们能否有继承人，有点像是靠老天爷的恩赐，非常不稳定。权力继承的不确定性，导致英格兰的君主们很难有长期理性。加上不时爆发的战争，他们只为度过眼前危机，而不会去考虑长远发展问题。

中国古代的婚姻制度与英国不同。中国古代帝王后宫佳丽无数，没有继承人的概率不高，当然也有一些例外。

在皇位继承上，中国古代一般实行嫡长子继承制。这个制度有先天性的缺陷。由于中国古代实行早婚制，十几岁就成婚生子，等他当上皇帝，就出现了两种情况：

一种情况是，如果皇帝寿命比较长，由于其与嫡长子之间的年龄差距不大，嫡长子成年之后仍然不能接班，两者就产生了冲突。皇帝怕嫡长子等不及而篡位，嫡长子怕老爸猜忌他会篡位而废嫡，这种矛盾无法调和，加上臣子们或想依靠老皇帝保住权位，或想帮助太子早登大统而立功，常常形成两派势力恶斗的局面，其结果不是篡位就是废嫡，皇帝和太子很难相安无事。

另一种情况是，如果皇帝死得早，儿子还没出世或夭折，权力没有合法继承人，或者嫡长子还很年幼，这就需要太后干政，或任命辅国大臣。太后干政会任用亲族，致使外戚势力抬头，辅国大臣可能能力太强，致使大权旁落。所以，围绕着最高权力，历代的宫廷斗争总是异常激烈，这几乎成为中国历史记载的核心内容。

身处宫廷斗争漩涡中的君主们，精力大部分花在如何获取权位和如何保住权位上，还有一些花在应对外敌入侵、农民起义等棘手问题上，以及自己的享乐，甚至追求长生不老上。一般来说，君主们很少有心思去考虑长治久安的问题，也不可能有长期理性。

君主们不可能有长期理性的另一个原因，是他们自身本来就没有理性。设想，如果秦始皇是理性的，他怎能想不到为建阿房宫而劳民伤财、奴役人民，会危害其帝国基业和江山稳固?

晚清时期，大清帝国面对列强觊觎，为了国家安全，曾经着力发展海军，北洋海军一度傲视远东，但慈禧太后为了个人享乐，挪用北洋海军军费兴修“三海”（南海、中海、北海，即今之中南海和北海公园）和颐和园。尽管慈禧到底挪用了多少海军军费众说纷纭，但其对甲午战争之失败负有责任，则没有什么分歧。如果慈禧是理性的，她应该明白海军建设比她的个人享乐重要，海军军费绝不该挪用。

这些例子说明，君主们是很少有理性的，更谈不上长期理性。如果说他们还有理性，那么那种理性就是自利，即为了个人享乐等私欲，可以不顾人民生存和国家安危。专制君主只有私利，没有公利。

认为专制君主们出于江山永固的长远考虑，会有扶持经济发展、整顿吏治、加强国防的长期理性，只是理论假设，不符合历史实际。实际情况是，君主们往往只顾眼前不顾将来，总是想尽一切办法掠夺人民，成为经济发展的障碍和社会不稳定的因素。因此，百姓的幸福和国家的长治久安，历来不靠专制君主们的长期理性，而靠剥夺专制君主们的权力。

实现民主关键在限权，不在驱逐君主

过去的200多年的世界历史有一个重要的特点，即200多年前世界各国几乎都有君主，而200多年后的今天君主已经不多；200多年前世界各国几乎都是专制国家，而200多年后的今天专制国家已寥寥无几。

可以说，过去200多年的世界历史，是驱逐君主的历史，是扼制专制的历史。在人们通常的理解中，君主即专制、君主即罪恶，不驱逐君主就无法扼制专制，就无法摆脱专制之恶。然而，历史的吊诡是，目前仍保留君主的国家不一定是专制国家，而已经驱逐君主的国家却可能仍是专制国家，甚至专制程度超过了有君主之时。举例说，过去数月非常热门的事件中，利比亚政局是一个，英国威廉王子大婚是一个，利比亚已经没有君主，但仍是专制国家，而英国有君主（女王），却是公认的民主国家。

从更广阔的范围来看，目前，全世界还有20多个国家保留君主、王室（流亡君主、王室不算在内），其中尤以欧洲为多，有英国、荷兰、丹麦、挪威、瑞典、比利时等国家。一个有意思的现象是，这些国家都是民主国家，也是经济、文化、科技发达的国家，而其国民对王室的存在也不反感，反而引以为荣。当然，世界上还有一些保留王室的国家并不是发达国家，其王室也不见得都能获得广大国民的尊敬。

而在另外一些国家，君主早被驱逐，却仍有形形色色的无君主之名却有君主之实的政治强人存在，君主虽去而专制仍在。历史实践说明，君主不能与专制简单画等号，实现民主关键不在驱逐君主。

100年前，中国人推翻了帝制，建立了亚洲第一个共和国。之后袁世凯、张勋复辟帝制，但都不过是闹剧一场，很快就烟消云散。中国人对于帝制有太多的痛苦记忆，不可能允许回到帝制时代，因此任何恢复帝制的努力都必然以失败告终。但是，国人发现，没有了皇帝并不意味着就有真正的共和，赶走了名义上的皇帝却可能仍受具有皇帝般实质权力者的统治。

吃过苦头之后再反思，国人才逐渐明白真正应该反对的其实不是皇帝，而是皇帝手中不受约制的权力。假如皇帝的权力是受到有效制约的，那么即使有皇帝也不会对人民的自由构成威胁。英国的君主就是这种情况。

如果从1066年威廉一世征服英格兰算起，在过去的将近1000年中，英国经历了诺曼、金雀花、兰开斯特、约克、都铎、斯图亚特、汉诺威、温莎诸王朝，有40多位君主。从诺曼王朝（1066—1154）到都铎王朝（1485—1603），英格兰的国王们虽然都想专制，但他们的权力并不是无限的，而是受到了一定的制约；到了斯图亚特王朝（1603—1714），经过革命，终于发展成君主立宪制，实现了王在法下的目标，君主们已被缚住手脚，完全失去了威胁人民自由的能力。

英国历史的独特性在于，英国历史上君主权力要受到贵族、教会的制约，君主为恶的能力有限，因此留下的“血债”也不多，国民记忆中对于王室的恶感不强烈，这可能是17世纪英国革命经过反复之后最终选择保留君主和王室的原因之一。

百年前，中国人面临立宪和革命两条道路的选择，最终中国人选择推翻帝制，走共和之路，这是民心所向。二千余年的帝制对中国人的伤害太深，因为中国的帝制意味着皇权专制，权力不受制约，为恶能力无限，乃是民众痛苦之根源。因此，推翻帝制特别是“驱逐鞑虏”的声音占了上风。但那个时代的人，大多没有弄清楚建立现代民主政治的关键不在赶皇帝下台，而在剥夺皇帝手中的专制权力，发展出限权、分权的政治制度。这两者，表面上看起来相同，实质却不一样。驱赶了皇帝，仅是获得表面上的成功；只有真正建立起限权、分权的政治制度，才是实质上的成功。

故而，只要限权、分权的政治制度不能真正建立起来，就会出现形形色色的无皇帝之名却有皇帝之实的政治强人，那样民众的痛苦并不会因帝制的推翻而减少。

民主的要义是要在实质上对集权进行限制，西方现代民主政治的发展，实际上就是探寻如何限制君王权力的制度设计和实践，而通过权力分解和制衡来限制君王权力乃是探索和实践所得的可行之道，它并不存在什么意识形态色彩，而是人类社会共通的规律。

百年前人大代表怎么议政的

100年前的大清帝国宣统元年（1909年），会在龙椅上撒尿的四岁小皇帝作为专制帝国的象征还存在着，但历史已经发生一些革命性的变革，其表现之一，就是各省成立了谘议局，而中央则成立了资政院。资政院是国会的准备，而谘议局则是地方议会的准备，但在1909年，它还只是一个咨询和监督机构，还不具有立法机关的名分和权力。不过，谘议局的议员是民选的，从性质上说，与现在的人大代表差不多。看看百年前的这些人大代表是怎么议政的，也许会让我们明白百年来中国进步了多少。

人大代表议政主要是参加人大会议，这在当年叫做“常年会”。而人大代表在人大会议上的议政方式主要是提出议案和审议提案，在当年也一样。国家图书馆普通古籍部收藏有一册《四川谘议局第二届常年会决议案报告》，是一本1910年四川省谘议局开第二次“常年会”所表决的议案的汇编，从中可以看出当年四川的人大代表们是怎么议政的。

决议案分七类：督部堂交议案、本局提议案、本局建议案、人民陈请建议案、纠举案、质问案和本局预算案。

督部堂交议案就是四川总督提交要求审议的议案。该年通过的三个议案，一个名为《各州县遵照银行则例以地方公产设立殖业银行案》，内容是设立银行，支持农业发展，因为当时推行禁种鸦片的政策，这使四川经济受到很大影响，政府为了引导农民改种桑棉，商人成立缫丝纺纱工场，降低其经营风险，准备以地方官款或地方公共财产为资本呈请设立“殖业银行”，实行抵押贷款，振兴地方经济。此议案明显有利于民生，故谘议局审议通过。另两个议案是地方（分城镇乡、府厅州县）自治暨选举章程施行细则。这是呼应当时中央政府提出的地方自治政策，准备付诸实施的细则。谘议局对四川总督提出的议案原案进行审核，有些删除，有些补充，有些修改，无论做何处理，后面都附有详细的理由说明。比如，四川总督所提城镇乡自治暨选举章程施行细则第二章第五十五条规定："董事、乡董、乡佐之选举，如地方官知其当选之人不胜任时得不核准之，但须宣示理由，交由议事会或乡选民会再选。再选犹不核准时，应暂行停止选举，详请总督部堂核示办理。"这条规定的意思是，地方自治代表的资格需要地方官的认可，谘议局认为这不合理，应当删除，理由是：从理论上说，该代表还未任职，地方官怎么知道他不能胜任？如果有这样的规定，地方官掺杂私人成见，"即可滥用其不核准之权力，则是以一人之心理而压抑选民多数之心理"；从实际上说，地方官对于自治代表既然具有申请撤销的权力，如果他不胜职任，只要在见到事实的时候再行使撤销权就行了，"初不必于事前第以一人之心理而可取销公众之选举"。因此，此条规定是不合理的，应当删除。

本局提议案是由谘议局议员提出，要求审议、表决的议案。当年通过的议案有15个，内容主要涉及司法改革和民生。如其中有一个《整顿监卡案》，是讲怎么改革监狱制度的。此前四川既有正式的监狱，还有许多类似现下看守所的"羁押人犯之所"，如卡房、待质所、自新所、班房、差厅、押保店等等，它们"既非法定监狱，官吏则滥收无罪以肆其虐，差丁则因以为利而饱其私，其中秽浊黑暗冷厉之气既常足以死人，而私刑辣手阴险之谋且不止于索贿，凡此情形，无地不然，人人皆能言之，不待举证"。整顿之法，是"通禀有案者，暂时仍旧，余俱一律裁禁，官吏除律例应收禁外，不得妄将轻罪及无干之人收禁，违者照律参处"。另外，该议案中还提出一个"责任调查"的办法，要求监狱管理必须公开，允许人们"调查慰问疾苦，探考情状"，因为"中国监狱之酷虐，身受者劫于威而无所呼吁，其秘密黑暗又非外人所能窥，官吏丁役之敢于恣睢为恶，莫不由此"，所以必须允许实地调查，以便"如有非法凌虐及索诈情弊，查实得立行举发该管官或上司按律惩办"。民生方面，有一个《胪举计岸盐商违法积弊请撤换以苏民困案》，是专门调查食盐专卖这种官方垄断、奸商坑害老百姓的种种弊端而要求改革的。

本局建议案由谘议局提请，通过的有两个，其中一个是《速开国会建议案》，要求中央速开国会，加快宪政改革步伐。

人民陈请建议案通过的有两个，内容都是关于"学款"即教育经费的。一个是要求保证地方筹集的教育经费不被官员挪作他用，认为"教育当谋普及，而学款必先保存”、“地方办学之款无论何项公事不准挪移”；另一个是教育经费不能滥收并被贪污中饱。

纠举案是纠举官绅不法行为的议案，根据谘议局章程第二十八条，“本省官绅如有纳贿、违法等事，谘议局得指明确据，呈候督抚查办”。通过的议案共有七个，纠举巡警道（类似现四川公安厅长）和崇庆州、通江县、西昌县、城口厅、巴县的知州、县令等“违律扰民”、“酷虐玩法”、“违法病民”、“违法殃民”、“贪酷枉法”的行为。如其中《纠举通江县张令焕文违法病民案》，指出通江县令张焕文权移差役、纵盗殃民、罚逼毙命、滥罚私吞、匿蚀公款、违章收费等行为，“以上列举各款俱属违法病民，应行纠举，请督部堂从严查办”。

质问案是质问作为地方政府首脑的四川总督对其下属地方官员不作为或乱作为应当如何处置要求答复的，通过的议案共有三个。其中《质问地方有司故违法令作何惩处案》质问地方政府不认真履行谘议局通过并得到四川总督批准颁布实施的法令，要求四川总督“批答以正纪纲”；《质问各属地方官违章滥罚作何办理案》质问地方官员乱收罚金“应否作为违法及纳贿，照章查办”，“不可不求明示”。

本局预算案是关于谘议局自身的财政收支预算的，谘议局的各项活动一年需用多少经费都一一列清，待四川总督批准之后到藩库（省财政）支领。四川谘议局有正议长1人、副议长2人、议员104人。宣统三年（1911年）全年预算经费为银币66892圆7角，加上临时费16830银圆，共计83722圆7角，如以当年米价合算的话，约值现在……

综观这些通过的议案，我们可以发现它们有个核心思想，那就是对民权、民生的重视。对民权、民生的重视，首先有个前提，就是谘议局议员“是百姓公举，非官府私派”（宣统元年二月初四日《申报》文章语），他们要站在“百姓”的立场上说话。按照谘议局议员选举办法的规定，议员不能是官员，官员不能兼任议员。这个规定的道理其实很简单：既然谘议局是监督行政的，那么议员如果是官员，那还怎么监督他？让他自我监督吗？这本身就是与谘议局这一具有人大这一立法性质机构的设置的思想相违背的。《各省谘议局章程》案语解释该条规定的理由说：“本条所定选举及被选举之限制，非以其资格缺欠之故，乃以其所处之地位，不适于选举议员及被选为议员故也。盖本省官吏、幕友，当行政之任，与谘议局本属对立，若与以选举议决之权，恐生旷职及干涉、勾通等弊。”因此“停止其选举权与被选举权”。（《清末筹备立宪档案史料》，中华书局1979年版，下册）

中国康乾盛世还不如英国中世纪

中国人一向有强烈的“盛世”情结。

“盛世”应该是国力强盛之世，国力强盛的标准是什么？GDP大概算一个。18世纪的康乾时代一向被认为是中国历史上的一个盛世。据美国经济学家麦迪森的估算，1700年中国的GDP占世界的22.3%，而欧洲占24.9%，中国大致与整个欧洲相当；而到了1820年，中国的GDP占世界的32.9%，超过了欧洲、美国、日本的总和。换句话说，就是当时中国的经济总量超过了现在所有西方发达国家的总和。

这些数字足以让人目瞪口呆，因为如果仅仅从经济总量来看的话，18世纪的大清帝国国力的强盛无与伦比，确乎可以算是“盛世”了。从这些数字中还可以推论，大清帝国的老百姓生活是富足的，香港的张五常先生便认为中国人的生活水平低于欧洲，大约是从乾隆退位（1795年）至鸦片战争之间这段时间开始的，其话外之音是，中国开始落后于西方已是19世纪的事了。然而，倘若历史事实真的如此，中国在19世纪40年代的战争中何以会一败涂地？之后又为什么会被远远地甩在后面？问题到底出在哪里？

问题在于，GDP难以作为“盛世”的标准。在我看来，“盛世”的标准，应该是普通人的权利——包括经济（财产）权利和人身权利。如果以这个标准来衡量，18世纪的中国甚至都不能和中世纪的英国相比，更不要说与同时代的英国相比了。

先说经济权利。英国学者约翰·克拉潘在其《简明不列颠经济史》一书中说：“在爱德华一世时一个盖屋顶工人的助手每天约可获得1便士，至公元1347年时他的工资仍未超过1便士。大鼠疫促使工资剧烈上升，至公元1350年他每天竟能获得2便士以上。”爱德华一世是英格兰国王，1272—1307年在位。英国的“盖屋顶工人”在中国就是泥瓦匠，助手通常是其妻子或徒弟。

1347年是英国鼠疫即黑死病暴发的那一年。在1347年以前，英国“盖屋顶工人的助手”每天的工资大约是1便士。1300—1450年，英国小麦的平均价格是每夸特（quarter）6先令。1英镑为20先令，1先令为12便士。1夸特小麦重480磅，约435市斤。算下来，1便士可以买6斤小麦。

6斤小麦大约可以制作6磅面包，够两三个人一天的需要，“盖屋顶工人的助手”除了自己吃饱，养一个人是不成问题的。“盖屋顶工人的助手”由于技术不够，工资只有“盖屋顶工人”的1/3到1/2。1347年以后，由于黑死病使很多人死亡，劳动力严重欠缺，工资也水涨船高，增加了一倍以上。英国著名的中世纪史专家克里斯托弗·戴尔（C.Dyer）总结说，在1500年左右的英国，一个普通的三口之家，每天可以获得8便士的工资，而家庭食物的支出是3便士。因此，只要他们愿意劳动，他们就可以过上不算特别宽裕但还是衣食无忧的日子。

那么，中国的情况怎么样呢？相比较之下，中国直到18世纪，雇工的工资看来还赶不上中世纪的英国雇工。18世纪乾隆时代的扬州是当时中国最繁华的城市之一，大盐商们会花万两银子去建私家园林，盐商家里则要招募各类雇工为其服务，而雇工的工钱，按照当时人的说法，“不问门班厨杂楼，月工例给二钱头”，也就是一个月二钱银子的工钱。可以认为，这是包吃之后的工钱。二钱银子在当时大概可以买一斗（约为现在15市斤）米。这就是说，作为雇工他除了自己有一口饭吃之外，他甚至养不起一个人，因为明清时代一个普遍的说法是一个人吃饭每天需米一升，一个月需米三斗。所以，我们可以认为其经济权利还不如中世纪英国的“盖屋顶工人的助手”。

研究者一般认为，清代雇工工值3/4，甚至4/5以上用于饮食。清初的人说，“雇募工作，惟求一饱”；康熙五十年（1711年）顺天府的一个雇工说：“我在各处佣工，所得的钱不够吃饭。”木、石、泥、篾匠，与英国的“盖屋顶工人”身份差不多，据民国四川《合江县志》记载，光绪元年（1875年）一天的工资仅为40文钱，而当时一升米的价格为46文（小麦价格基本相同），一天的工钱只能买约0.87升的米；到了1925年，每天的工资涨到800文钱，但米价却涨到每升1800文，一天的工钱只能买0.44升的米了，工资赶不上米价的涨速，生存状况更趋恶化。

从经济权利来看，明清时代中国平民的权利基本上没有什么增长，在灾荒、战乱时期更加恶化到不能生存的境地。那么，在人身权利方面又如何呢？

中国雇工的人身权利没有保障，被雇主虐待是常见的事，法律方面也缺乏保护。明代万历年间，“泰安州有一富民，奸占雇工人妻，其夫有怨言，挞之折股而死，以其妻付人领去，将尸夜弃于壑”。清代嘉庆二十年（1815年），北京有一宗室，命令“雇工家人阎三将妻阎张氏改扮男装，送入圈禁空房与之通奸”，雇工“不敢违拗，任其奸宿”。中国雇工权利之低，没有做人的任何尊严，从以上两件事例中可见一斑。雇主可以随意责罚雇工，甚至奸占其妻女。在欧洲，哪怕是在中世纪，这种情况都是绝不可能出现的。欧洲社会，在中世纪时人与人的权利、义务已经很明晰，哪怕是中世纪庄园里地位最低下的被称为农奴的人，他按照规定交租服役，一旦庄园主人越过规定，他都可以到庄园法庭去控告他。1347年黑死病暴发之后由于劳动力欠缺，普通劳动者的经济权利和人身权利更是不断增长。

正是普通人的权利不断扩展，使英国走出了中世纪，完成了现代社会转型，成为一个文明的国度，也成为强盛的“日不落”帝国。相比之下，中国普通人的权利在所谓的“康乾盛世”里都还比不上英国的中世纪，这大概也是表面强盛的大清帝国在后来的鸦片战争中不堪一击的根本原因所在吧。民无权则国必弱，仅凭国土辽阔、人口众多堆积起来的GDP不能代表国家的强盛。可惜的是，及至今日，仍有人不明白这样浅显的道理，也不明白一个现代文明国家应该具备的基本条件。当房地产公司的老总拿七八百万元年薪，而建筑工人却因拿不到七八百元钱的月工资而需以跳楼的极端方式讨薪的时候，当一个身体强健的高中生被传唤到公安局就非正常死亡，而且类似的情况频繁发生的时候，中国人应该反躬自省：我们的“文明”处在什么样的位置上？只要普通人的权利得不到保障，那就不能算是一个现代文明社会。改革必须不断增进普通人的权利，那它的方向就不会出现偏差，改革共识才能长期存在。

“和女士”优先于德、赛二先生

1789年7月14日，法国大革命爆发。8月26日，《人权宣言》颁布。1989年，法国在巴黎举行《人权宣言》颁布200周年纪念大会。在大会上，法国总统密特朗自豪地说，世界的人权产生在我们法国。当时有几十个国家的政要在场，英国首相撒切尔夫人不顾外交礼节，马上站起来说，不对，人权产生在英国。撒切尔夫人说人权产生在英国，理由是充分的，因为英国早在1215年就签订了《自由大宪章》，确立了生命权和财产权作为两项最重要的人权的地位。

20年前的这件事，足以说明国际主流社会对人权的看重，在他们看来，争取人权的历史是光荣的、值得夸耀的。

中国有值得夸耀的悠久历史，却没有值得夸耀的争取人权的历史。

90年前的五四运动，给中国带来了两位“先生”：德先生（Democracy，民主）和赛先生（Science，科学）。从此以后，两位先生得到中国人的重视。然而，后来的历史发展证明，中国人忽视了一位“女士”：“和女士”（human rights，人权，法学家夏勇先生提出的概念）。因为“和女士”得不到尊重，两位先生缺少了火炬的指引，以致如同在暗夜中行路，常常跌倒在泥淖之中。

与德先生的价值尚有争议不同，赛先生的地位一直非常尊崇。早在1923年，胡适就说：“近三十年来，有一个名词在国内几乎做到了无上尊严的地位；无论懂与不懂的人，无论守旧维新的人，都不敢公然对他表示轻视或戏侮的态度。那个名词就是‘科学’。”胡适之后，“学好数理化，走遍天下都不怕”之类表面上看起来推重科学的口号曾经盛行。近三十年，“科学技术是第一生产力”的观念更是深入人心。因此，德先生可能命途坎坷，赛先生的地位却没有挑战，一直坚如磐石。然而，历史却多少有些吊诡：地位如此之高的赛先生并没有在中国开出绚丽之花，中国人似乎只看重技术的实用价值，而没有培养出科学的精神。1958年全国大放“卫星”的时候，作为著名科学家的钱学森没有站出来抵制其违反科学，而是发表文章论证“平均亩产量是3.9万斤”完全可能。20世纪世界科技突飞猛进，中国人在其中作出了多大的贡献也是一个疑问。

不仅如此，科学技术在中国经济发展中到底作了多大的贡献也是一个有疑问的问题。以近三十年中国改革开放取得的成就为例，科学技术在其中的贡献到底有多大？一项研究认为，1979—2004年间，技术进步对经济增长的平均贡献率仅为10.13%，中国经济增长主要是靠要素投入。由此可知，所谓“第一生产力”的科学技术，在近三十年的中国经济增长中并没有发挥“第一”的效用，其贡献非常有限。

如果说技术变革在中国近三十年的经济增长中贡献有限的话，那么制度变革的贡献却很大。制度变革的表现形式是“放权”。改革开放本来不是“设计”出来的，而是被“逼”出来的：改革开放之前，经济高度“计划”，各省按“计划”生产粮食，结果粮食不足，吃饭成了问题，许多省份向中央要粮，中央没有粮食可拨，只好提供“政策”，允许让农民自己“搞粮食”，这样才有了家庭联产承包责任制；1400多万知青回城，工作无法安排，只好允许他们自己搞饭吃，于是有了个体户。如果说有饭吃是人最基本的权利的话，那么改革开放之前弄得大家连饭都吃不上，那就是对人的基本权利的践踏；而改革开放的“放权”，实际上是“还权”于民：因为生存权是最基本的人权，这种权利是人的自然权利，本来并不需要“赐予”或“下放”。然而，“放权”的结果却是很可观的，改革开放之初中国经济充满了活力，农村由家庭联产承包责任制带动，城镇由个体工商业带动，二者成了改革开放之初的经济增长动力。在这个意义上，改革开放的成功实际上是对民众生存权利的尊重，其发展和进步的动力源于民众为了自身权利而做的开拓和创造。

民主和科学本来是个工具或手段，它们本身不是目的，目的乃是增进个人的权利：发展民主是为了增进公民和政治权利，发展科学是为了增进经济和社会权利。公民和政治权利，经济和社会权利，就是人权，也就是“和女士”。因此，民主和科学是为着“和女士”而生的，“和女士”应当优先于德先生和赛先生。不仅如此，“和女士”也为德先生指明了方向，民主要不出偏差，比如演变为法国大革命式的“多数人的暴政”或中国式的无法无天的“群众专政”，就必须以“和女士”为指引，以尊重“和女士”为前提；“和女士”也为赛先生指明了方向，为了发展科学，就必须保障思想自由，没有思想自由，就不会有科学的精神，也就不可能有真正的科学发展。由此，也给改革和公共政策指明了方向：是不是为了增进民众权利？如是，公共政策会起好的作用，改革可能成功，应当支持；如不是，公共政策不会起好的作用，改革可能不成功，应当反对。

没有制度现代化，中国难以真正实现现代化

2010年3月14日，温家宝总理在答记者问时说：“（中国）要真正实现现代化，还要上百年的时间以至更长。”而在此前不久，中国科学院中国现代化研究中心的《中国现代化报告2010》则称“中国有可能在2015年前后完成第一次现代化，达到1960年发达国家水平”。两者的认识相差颇大。然则，中国到底何时能够真正实现现代化？

中国追求现代化时日已久。现代化是一个社会从传统社会转型到现代社会的过程，也是现代文明的萌生、成长、成熟的过程。自鸦片战争以来的中国史，实际上就是一部中国人追求现代化的历史：比照汤因比的文明三层次论，洋务运动是追求器物层的现代化，戊戌维新、辛亥革命是追求制度层的现代化，五四新文化运动是追求国民精神层的现代化；五四以后的中国一度迷失，直到改革开放之后重提“四个现代化”，但“四个现代化”偏重器物层的现代化，制度层和精神层没有得到应有的重视。

2010年3月5日温家宝在《政府工作报告》中说，中国的改革是全面的改革，包括经济体制改革、政治体制改革以及其他各领域的改革，“没有政治体制改革，经济体制改革和现代化建设就不可能成功”。如果说改革就是追求现代化的话，那么，现代化必须包括器物层、制度层、精神层的整体现代化转型，改革也势必要在器物层、制度层、精神层诸方面整体用力，而不能只是追求器物层的现代化。因此，温家宝所指出的“中国的改革是全面的改革”是完全正确的，“没有政治体制改革，经济体制改革和现代化建设就不可能成功”的论断更是卓识。

从世界历史经验说，制度的现代化尤其是政治制度的现代化，显然是现代化的关键。众所周知，现代化起步最早的英国，1688年“光荣革命”的成功，为18世纪开始的现代化准备了条件；美国的现代化进程，得益于建国之初的宪

政制度设计；日本的现代化之路，是从“明治维新”开始的；如此等等，现在被认为走在现代化前列的国家，现代化之路几乎都是从解决政治制度起步。政治制度解决好了，现代化之路就比较顺畅。政治制度解决不好，现代化之路就可能比较坎坷。

制度是社会的一个博弈规则。规则不公正，势必扭曲行为，造成社会失序。博弈的核心是社会财富分配。假如国家权力过大，不受限制，就很难保证在财富分配时不成为自利集团。而一旦国家权力沦为自利集团，财富分配就难以保证公平。财富分配不公，贫富分化严重，贫者无力消费，这既影响经济健康成长，又为社会对抗埋下隐患。因此，作为制度的核心，政治制度的设置极其关键，只有让权力受到约制和监督，社会才有可能更公平地分配财富，人们才有可能共享社会发展的成果，这样的发展才能更健康，现代化进程才能更顺利。

从鸦片战争迄今，中国社会不断处在动荡之中，真正用于建设的时间有限。社会动荡的发生，有外力的作用，也有本国的内部矛盾激化——如太平天国运动，这场社会大动荡的起因，就是社会内部矛盾激化。真正用于建设的时间，主要是晚清洋务运动、抗日战争之前10年和改革开放30年。为什么不能把精力用在建设上？除了抵抗外来侵略是必要的民族自救，最大的耗费就在于现代政治制度没有建立，社会发展存在诸多不确定因素。

近代以来，中国人一向视现代化为自强之道。近代中国的现代化之路，始于御侮之需，由于无法抵御洋人的“船坚炮利”，被迫学习制造坚船利炮之术，这是洋务运动之本意；之后，甲午之战败于一向被视为“蕞尔小邦”的日本，才意识到制度是关键，故而有戊戌维新，意图学习君主立宪之制；然而君主立宪未成，被革命党人的更为激进的民主共和制度取代；但共和实验效果又不见佳，新文化运动倡导者认为是国民精神不足成事之故，因而力求从思想、文化方面改造国民性。之后西方遭遇经济危机，而“十月革命”之后的计划经济似乎风景这边独好，故激进者瞩意于彼，之后风风雨雨，一路坎坷，直至今日。

然而，自强并非现代化的目标，而仅仅是手段，国民幸福才是现代化的最终目标。国民幸福，首先要求经济上不困窘、个人权利有保障。也许，我们不必追问何时能够真正实现现代化，而更应追问我们是不是朝国民幸福的目标坚实地迈进。

后记　为贫弱者争尊严

本文为应《杂文选刊》杂志邀约所写的“作者告白”，聊当后记。

近两年，我给《南方都市报》、《新京报》等报刊写专栏，写的是“历史评论”，主要借历史评论现实。这是一种“另类”的时评，谈的是历史，但聪明的读者一眼便能看出，文章针对的其实是现实中的新闻事件。

采用这样的写法，好处主要在于可以突破众所周知的言论尺度。因为文章中用的是历史事例，绕开了现实，不是直接针对现实发言，有些人即使看了不高兴，但也不能对号入座，将文章中所说的事指实为现实中的人和事。同时，在历史事例中，却可以挖掘有价值的信息，总结历史现象，做深度的评论。

试举一例。2010年4月13日的《南方都市报》发表笔者的《中国康乾盛世还不如英国中世纪》一文，次周的《南方周末》将之列为“一周高论”，评审者的“推荐理由”说：“历史评论是一种颇值得玩味的文章，最引人入胜之处往往是以历史镜鉴现实。此类文章所引掌故新奇有趣，相对于一般的时评体，更具‘观赏性’。不过，历史评论写作困难，考据不易……”

这段评议可谓知音之论。如其所言，历史评论不仅可以“以历史镜鉴现实”，而且具有“观赏性”。而写作的困难，在于与现实案例形神皆似的历史事例并不好找，考据更是费时费力，等等。当然，最难的还是发现历史和现实事象后面的规律，提炼出具有“镜鉴”价值的观点。

《中国康乾盛世还不如英国中世纪》一文写作时，受到许多新闻的触发。一类新闻与房地产业有关，如房地产公司的老总如任志强等年薪高达七八百万元，而建筑工人却因拿不到七八百元钱的月工资而需以跳楼的极端方式讨薪，两种现象相对比，实在让人愤慨！与之同时，新闻中不断出现普通民众在公安局、看守所非正常死亡的案例，比如陕西省丹凤县19岁高中生徐梗荣被警方传唤，后猝死在公安局。上述诸多社会现象，应该如何看待和评论？它们之间有无内在联系？

我以为，这些现象反映的其实是同一个问题：民众的权利贫困。不仅这几个事例可作如此观，2009年绝大部分的公共事件也都反映了这个问题。民众的权利贫困，无疑是当代中国最大的问题，是许多社会现象的根本原因所在。因此，文中提出，面对上述种种社会现象，“中国人应该反躬自省：我们的‘文明’处在什么样的位置上？”并提出核心观点：“只要普通人的权利得不到保障，那就不能算是一个现代文明社会”，“改革必须不断增进普通人的权利”。

过去的30年，中国取得了举世瞩目的经济成就，其表现，就是将近10%的GDP增长速度。但是，在GDP后面，社会问题层出不穷。种种社会现象表明，中国民众还处在“权利贫困”的历史阶段。权利贫困主要表现在两个方面：一是经济权利的贫困，如民工低工资且需以跳楼的方式讨薪；二是人身权利的贫困，普通民众在公安局、看守所不断遭遇非正常死亡，说明人身权利没有保障。

如果以普通民众的权利保障作为衡量社会文明程度的重要标准，那么我们就有了另一种评判历史和现实的新角度。以中英历史为例，尽管18世纪中国的经济总量被估计超过了现在所有西方发达国家的总和，但是从普通民众的权利去比较，那么就可以发现，无论是经济权利还是人身权利，18世纪康乾盛世下的中国民众，并不比中世纪晚期的英国民众更有保障。因此，从这个角度说，“中国康乾盛世还不如英国中世纪”。这实际上说明，中国康乾盛世虽然经济总量庞大，物质文明似乎也比较高，但实际上社会文明程度并不高，其理由便是民众权利并不比英国中世纪更优越。如果这个理由成立，那么以史为鉴，当代中国的发展更应该从增进民众的权利着手，全面提升社会的文明层次，而不是简单地强调GDP总量及增速。

中国的民众，是贫者、弱者，他们的生活缺乏尊严。而有尊严地活着，乃是人的天赋权利。有尊严地活着，就需要权利的保障。只有权利受到保障，才能免于贫乏，免于人身权利受侵害。然而，中国民众作为“沉默的大多数”，往往既不清楚自己的权利，更不能发出自己的声音，因此，为他们争尊严、争权利，便是我等写作者义不容辞的责任。其实，我等本来就是他们中的一分子，为他们争尊严、争权利，也就是为自己争尊严、争权利。